理想で部下は育たない

部下と部門の成果を高める超現実リーダー論

株式会社あとらす二十一
代表取締役
井上恒郎

ダイヤモンド社

はじめに

理想論ばかりの「偽善マネジメント」から脱却せよ

巷にはマネジメント論の書籍が溢れています。それらのほとんどが、経営学や心理学などの高名な学者らの研究結果を例に挙げ、もっともらしい理屈で固められているのが特徴です。さらに、SNSやマスコミで声高に叫ばれていることに迎合しています。

したがって、読者にとっては非常に耳当たりが良いものです。

しかし、学者の研究やメディアで繰り返される主張は、厳しいビジネスの実態とは程遠い机上の空論であり、言わば「理想論」にすぎません。ですから、見栄えの良い理想論ばかりを並べ、厳しい現実を指摘しなければ「偽善」と言われても仕方がない、と私は考えています。

さらに言えば、現実から目をそらしたまま、「理想論」ばかりを追求すれば、どんなことでも必ず失敗します。その最たる例が、「失われた30年」と呼ばれたバブル崩壊後の日本経済と言えましょう。

バブル崩壊以降、日本の経済が長い低迷期に入ったことは、多くの人がご存知の通りです。平均賃金に至っては、２０２０年時点で、経済協力開発機構（ＯＥＣＤ）に加盟している35か国中22位となっており、19位の韓国よりも低いのが実情です（２０２１年ＯＥＣＤ発表より）。

また、国税庁によると１９９７年の平均賃金が約４６７万円だったのに対し、２０２０年は約４３３万円と、マイナスの伸び率となっています。ここ20年で平均賃金が減ったのは、先進国の中では日本だけです。

賃金が増えなければ、消費も増えません。消費が増えなければ、企業の売上が上がらず、経済全体が停滞するのは自明の理と言えましょう。

その他にも日本経済が長い低迷期に陥っている理由は様々あると思います。それこそ学者たちが研究する類《たぐい》の問題です。それでも40年以上、数々のビジネスの荒波を乗り越えてきた経営者として、はっきり言えることがあります。

それは**「日本経済が30年以上も低迷しているのは、政治、企業、労働者が、『理想論』ばかりの『偽善』を繰り返した結果である」**ということです。

2020年代に入り、とくに上場企業では「脱炭素」や「持続可能な社会の実現」といった「理想論」を前面に押し出すようになりました。

ところが、その一方で、株主や投資家の顔色をうかがう「利益偏重主義」の姿勢は、高度経済成長期の頃からまったく変わっておらず、少しでも決算書の数字を良く見せようとやっきになるあまりに、粉飾決算をする企業は後を絶ちません。

不正を働かずとも、研究開発や品質向上よりもコスト削減に重点を置き、顧客の満足や従業員の生活のことなど二の次、三の次という企業が非常に多いのが現実です。

表向きは環境に優しい経営を強調し、その裏では自分たちの利益を守ることに執着する——すべてがそうだとは言いませんが、「偽善経営」と言わざるを得ない企業が多いのは、紛れもない事実なのです。

それは労働者も同じです。「ワーク・ライフ・バランス」、「働き方改革」、「個性の尊重」などを自分の都合の良いように解釈し、権利ばかりを主張する人間が多くなったのは、非常に残念でなりません。

長時間労働の是正などを制定した「働き方改革関連法」等の労働者保護に偏った法律にあぐらをかき、努力を怠る人が増えてきました。

また、本来は成果によって待遇の良し悪しが決まるべきホワイトカラーに対しても、労働時間に応じて賃金が支払われるようになりました。極端に言えば、成果に関係なく、ただパソコンの前に座ってさえいれば給料が貰える一般社員が増えてきた、ということです。

このような流れもあり、新たな付加価値を生み出せるビジネスパーソンになろうという風潮は非常に希薄です。それでは平均賃金が上がらないのは当たり前です。にもかかわらず、「給料が上がらないのは政治や企業の責任だ」と一方的な主張を繰り返す識者や著名人が持ち上げられているのは、なんと呆れた実態でしょう。まさに「自己中心主義（ミーイズム）」と「偽善」に汚染されているとしか言いようがないのです。

日本の社会全体が、危機的な状況にある日本経済の「現実」から目を背け、「理想」ばかりを追求するようになりました。「現実」に向き合い、「現実」を変えようとするためには、血のにじむような努力と、激しい痛みを伴いますから、誰も自分からやろうとしません。その結果が「失われた30年」というわけです。

もちろん理想を追い求めること自体が悪いとは言いません。しかし、足元の「現実」をおろそかにしては、いつまでたっても前に進めないことを、私たち日本人はいい加減認めるべきではないでしょうか。

とは言え、安全保障の面では、ロシアのウクライナ侵攻により、平和を言葉で訴えるだけでは国家の安全は保たれない、いざという時に欧米諸国は本気で守ってくれない、という

「現実」に向き合おうとする風潮がようやく出てきました。近い将来、経済面においても同様の風潮が生まれることを祈らずにはいられません。

　さて、少し話がそれてしまいましたが、巷に溢れるマネジメント論の書籍が「理想論」に偏ったものばかりなのは、先に話した通りです。中にはそれらの書籍を鵜呑みにして、自分の組織にそっくりそのまま当てはめようとするリーダーまでいるようです。しかしいくらスローガンや体裁が立派であっても、目の前の社員、商品、経営状態から目を背けたままでは、組織は変わりません。単なる「偽善マネジメント」の域を越えず、日本経済と同じように停滞の一途をたどるより他ないのです。

　マネジメントにおいてもっとも大切なのは「現実」に向き合い、「現実」を変えようとする不断の努力であることは間違いありません。日本経済の未来を支えるリーダーの皆さんには、まずこのことをしっかりと胸に刻んでおいていただきたいと思います。

　それから、本著はどこまでも「現実」に即したマネジメント論を記したものであることを前もって言っておきます。中には、世の中でうたわれていることと真逆の内容もあるでしょう。反論したくなることもあるかもしれません。しかし、本著に書かれたすべてが、私が会社の経営を通じて経験してきた「現実」であることを忘れないでほしいのです。

本著を通じて、ひとりでも多くのリーダーがビジネス社会で活躍し、日本経済の底上げに貢献することを願っています。

株式会社あとらす二十一　代表取締役
井上　恒郎

目次

はじめに

第1章 「考えろ」「工夫しろ」は禁句

第2章 難病のビジネス習慣病は入社3年以内に発症する

第3章 部下のミスは自分のミス

第1章

「考えろ」「工夫しろ」は禁句

あなたの指導で部下の人生が決まる

部下にどのような指導をするか——社員育成は、リーダーの最重要職務です。そこで、本章では「部下の指導方法」について解説していきたいと思います。

その前に本項では、指導者としての心構えについて述べていきます。指導者の心構えが不適切だと、部下の自信喪失を招き、挙句の果てには退職につながってしまう恐れがあるからです。

私の経営するＷｅｂ制作会社で実際にあった、Ａさんの例を挙げましょう。

国立大理工系学部出身のＡさんは、大学の授業でプログラミング言語を学んだ経験があり、新卒入社とともに、システム開発の部署に配属されました。

とは言え、大学で専門的なことを学んだとしても、現場で戦力となるためには、会社からの指導が欠かせません。Ａさんもご多分に漏れず、配属された部署で研修を受けながら、業務にあたるようになりました。

ところが、そのAさんが入社してから1年もたたないうちに、人事に駆け込んできたというのです。彼いわく、「今の部署の仕事が合わないので、他の部署に異動させてほしい」とのこと。私は、すっかり自信を失い、暗い表情のAさんを見て、このままでは退職につながりかねないと思い、配置転換を人事に命じました。

では、なぜ多少なりとも知識のあったAさんが、自信喪失になるほど大きなストレスを感じてしまったのでしょうか。

私はすぐに「指導の仕方に問題があったに違いない」と判断し、どのような研修が行われているか、現場をチェックすることにしました。

するとどうでしょう、新入社員の研修にもかかわらず、まるで外国に足を踏み入れたのではないかと錯覚するほどに、耳慣れない専門用語が飛び交っているではありませんか。

講師役のベテラン社員が、まくしたてるようにして専門用語をずらずらと並べ、それを一語一句逃すまいとして、新入社員たちはメモを取っています。その様子は、研修についていくのが精いっぱいで、内容を理解しているようにはとても見えませんでした。

これでは自信を失ってしまっても仕方ありませんし、何よりも仕事ができるようにはなりません。社員をダメにするだけで、「百害あって一利なし」の無意味な行為です。私はその場で部門長に指導方法を見直すよう命じました。

しかし、いくら部門内での指導が改善されたとしても、Aさんが自信を取り戻すには時間がかかるでしょうし、よほど本人が強く望まない限り、システム開発の分野で活躍するのは、非常に困難になってしまったと言えます。

今の例からも分かる通り、あなたの指導の仕方次第で、部下のビジネスライフが決まることを、まずはよく胸に刻みましょう。つまりリーダーには、部下の人生を背負う責任が求められるのです。

社員研修をあなたの経験と知識を披露する場にしてはいけません。ましてや、相手に通じない言葉を並べ、上から目線で悦に入《い》るなど、もっての外です。**社員の指導にあたっては、一人ひとりの目線で物事を考え、その人の知識レベルや資質に合わせて進めることが基本中の基本である**ことを、絶対に忘れないでください。

会社にとって、社員は貴重な財産であり、会社の未来を担う希望です。ですから「大切な人材を託されている」という強い自覚をもって、指導にあたりましょう。

１年や２年の遅れなど気にするな

先日、私の著書『あなたのビジネスライフは入社３年で決まる』（ダイヤモンド社）を若手社員たちに読んでもらったところ、次のような意見がいくつも見受けられたことに、ハッとさせられました。

「研修の進捗が他人よりも遅れていることが不安で、ストレスを感じることがあるので、『他人と比べず、自分に打ち勝ちなさい』という一節に救われました」

ひと昔前まで「新入社員研修」といえば、全員に同じ課題を与え、その成果を競わせるのが一般的でした。

春になると、新宿駅の地下で、いかにも新入社員だろうなと思われる若いスーツ姿の男女が、通りすがりのサラリーマンたちに「名刺交換をさせてください！　研修中なんです！」と声をかけているのをよく見かけたものです。

その他にも、飛び込みでの商談数、テレアポの獲得件数、クレジットカードや生命保険などの自社サービスの勧誘数など、入社直後から社員に順位をつけることで、競争心を煽《あお》るような研修を行う企業は少なくありませんでした。ＩＴや不動産など、ノルマ至上主義が蔓延している業界では、今でもそのような研修が日常的に行われているでしょう。

それらの研修の良し悪しをここで論じるつもりはありませんが、はたしてそれが、今の時世の若者たちにとってベストな指導法と言えるでしょうか？

負けん気の強い人であれば、会社の期待通りに成長するかもしれません。しかし、全員が全員同じではないことを、よく理解しておかねばなりません。

とくに現代の若者たちは、「個性尊重」や「絶対評価」を重視した学校教育を受けていますから、周囲と比べて遅れていることに強いストレスを感じて、心が折れてしまう人の方が圧倒的多数を占めると考えてよいと思います。

運動会の徒競走すら順位をつけない学校が増えている、というのが現実です。つまり、競争させられることに慣れていない若者が増えている、ということを正しく認識し、時代に合わせた指導法をしなくては、部下はついてこないのです。

そんな悠長なことを言っていたら、部下の成長が遅れてしまうのではないか、と疑問を持つ人も多いことでしょう。しかし、はっきり言っておきます。

長いビジネスライフにおいて、１年や２年の遅れなど、まったくたいしたことではありません。

部下を指導するにあたっては、このことを前提にしてください。つまり、**リーダー自身も、「部下を１日でも早く戦力にしなくては……」と焦る必要はまったくない**、ということになります。

「大器晩成」の言葉の通り、はじめのうちは上手くいかなくても、自分の可能性を諦めず、じっくりと実力をつけられる人の方が、一流になれる可能性は高いのです。

ですから、誰よりもあなた自身が、部下の可能性を信じ、焦ることなく、じっくりと腰を据えて指導に向き合いましょう。

そして、部下が他人と比べて落ち込んでいるようであれば、「ビジネスの世界では、1年や2年の遅れなど、まったく気にする必要などない。だから焦らずに、自分のペースで頑張りなさい」と、声をかけてあげてください。そういった細やかな心配りが、あなたと部下の信頼関係を作る礎《いしずえ》となるのです。

では、これまで説明した「指導者としての心構え」を踏まえたうえで、次の項から、具体的な指導方法について解説しましょう。

教えるな

まずは社員研修です。

一般的に「社員研修」と言えば、業務に必要な専門用語、仕事の流れ、社内のマナーなどを「座学」で教えることをイメージする人が多いでしょう。実際に、HR総研の調査によると、コロナ禍の影響か、社員研修を実施している企業のうち8割以上が「集合研修」、すなわち「座学」で研修を行っているとのことです（HR総研、人材育成に関するアンケート調査［階層別研修］、2020年）。

しかし、はっきり言っておきますが、「座学」ほど無駄な時間はありません。理由は単純に「つまらない」からです。どんな部署で、どんな仕事をするのかすら想像がつかない中で、専門的な知識を一方的に詰め込まれても「つまらない」と感じるのは、何ら不思議なことではありません。

言うまでもなく、「つまらない」と感じる研修で教わったことを積極的に覚えようとするはずはありません。したがって、研修翌日には教わったことのほぼすべてを忘れるのが普通です。覚えていることと言えば、休憩時間中に初めて挨拶を交わした同期の名前くらいでしょう。

また「教わったことは一字一句メモを取りなさい」と部下に命じる人もいますが、これもまったくの無意味であると断言しておきましょう。

ちょっと思い返してみてください。社員研修で取ったメモを、後になって読み返した記憶はありますか?

中には「擦り切れるほど何度もメモを読み返した」という真面目な人もいるかもしれません。しかし、そんな人はごく稀です。たいていの人はメモしたノートは机の中に眠ったまま。部署異動などで席替えする時になって、ようやく存在を思い出した、というのが現実です。

つまり、「メモは取っても、読まない」ものなのです。

教えたことを覚えられず、メモすら読み返さない——字面《じづら》だけで言えば「怠慢」に感じてしまうかもしれません。しかし、それが「一般的」である現実を受け入れねばなりません。

そのため、「座学」で教えたことを部下ができなかったからといって、「どうして覚えられないんだ?」とか「メモを取っても覚えられなかったら意味ないだろ!」と叱りつけるのは、お門違いもいいところであり、部下のやる気を下げるだけの愚かな行為と言えます。

今説明したことに納得がいかない人は、学生時代の「英語」の授業を思い返してみれば、よく理解できるはずです。

中学、高校と「座学」で、単語や文法を教わりましたよね。期末テストで良い点を取るために、一生懸命ノートをとった人も多いでしょう。

では、英語を「座学」で習ったからといって、しゃべれるようになりましたか？　ノートにびっしりと英単語を並べたからといって、それらを会話の中で使うことができたでしょうか？

おそらく質問された全員が「ＮＯ」と答えるのではないでしょうか。もし英語の先生から「せっかく丁寧に教えたのに、しゃべれないとは何事か！」と叱られたら、ほとんどの人が「学校の授業だけでしゃべれるようになるわけがないだろ！」と反発すると思います。

仕事も何ら変わりません。したがって、**「座学」で研修した内容を、部下が仕事に活かせなかったからといって、あなたが叱りつけてよいという道理はまったくない**のです。

では、どのように社員研修をすればよいのでしょうか？

答えはごく単純です。**教えても意味がないなら、教えないこと**です。

それはちょうど、「車の運転」に似ています。自動車の免許を取るのに教習所に通った経験のある人なら、すぐに想像がつくでしょう。

「座学」から入らずに、いきなり車のシミュレーターに乗って練習したはずです。「アクセルが右、ブレーキは左」と頭で覚えるのではなく、実践練習を繰り返すうちに、体が勝手に覚えていったと思います。

車の運転だけでなく、野球やサッカーなどのスポーツ全般、語学、手芸、料理……何かを身につけるために必要なのは、「座学」ではなく、動作を覚えるための「実践」です。

仕事もまったく同じで、**いきなり知識を詰め込もうとせず、とにかく現場の仕事に触れさせることが何よりも大切**です。現場に出て、上司との仕事のキャッチボールを何度も繰り返すうちに、いつの間にか仕事ができるようになるのです。

ですから、新入社員や転属してきたばかりの部下に対しては、座学から入るのではなく、とにかく現場に出しましょう。

仕事は頭ではなく、体で覚えるもの――それを忘れないでください。

説明するな

部下への指導の第一歩が、「現場に出すこと」と説明しましたが、右も左も分からない社員がいきなり現場に出されても、何もできないのは当たり前です。ですから、はじめのうちは、あなたが部下に対して、手取り足取り作業を教えなくてはいけません。

では、どのように指導すればよいのでしょうか？

「最初に○○をして、次に△△をして――」と、口頭で手順を説明している人が少なくないと思います。しかし前項の通り、口頭で教わったことをすぐ実践に活かすのは不可能です。そのため、いくら事細かに説明したからといって、作業ができるようには絶対になりません。とくに新入社員は、専門用語や業務全体の流れを知りませんから、上司の説明が長ければ長いほど余計に混乱し、仕事が嫌になるものです。

では作業のやり方をどう教えればよいのでしょうか？

こちらも前項と同じです。**説明してもできないなら、説明しなければいいのです。**

「ピアノ」の練習をイメージすると分かりやすいでしょう。

仮にあなたが先生だったとして、初めて鍵盤を前にした生徒に対し、楽譜の読み方などを、冒頭からくどくどと口頭で説明しますか？

当然、しませんよね。まずは簡単な旋律をその場で弾いてみせるはずです。その後、生徒に対し「私の真似をしてごらん」と言って、まったく同じ旋律を弾かせてみる。生徒が上手くできなければ、その場でもう一度やってみせて、再び真似をさせる——「やってみせ、やらせてみて」を何度も繰り返すことが一般的な指導法と言えます。

仕事も同じです。

なぜなら「百聞は一見に如かず」のことわざ通り、口頭で説明されるよりも、目の前で実際に作業している様子を見る方が、圧倒的に覚えが早いからです。

そして、リーダーが手本を見せる、すなわち「示しをつける」ことで、部下は作業のやり方だけではなく、仕事に対する姿勢も同時に学ぶことができます。

ですから、とにかくまずは、管理職が自らやってみせることが大切です。それから、コツや注意点など、必要最低限の助言を言い聞かせた後、部下にやらせてみましょう。

はじめから上手くできないのは当たり前です。だから失敗しても「どうしてできないんだ?」と問いつめてはいけません。部下が失敗したら、もう一度頭から同じ作業をやってみせ、やらせてみる――**部下がひとりで作業をできるようになるまで、「やってみせ、やらせてみて」を根気強く繰り返すことが、正しい作業の教え方です。**

さらに言えば、様々な業務で「やってみせ、やらせてみて」を繰り返しているうちに、わざわざ口頭で教えなくても、あなたの部下は、専門用語に慣れ、基本的な仕事の進め方を自然に体得します。

そうなれば、初見の作業でも要領よく覚えられるようになったり、応用が利くようになったりするため、より仕事に対する自信がつくのは間違いありません。多少の困難に直面してもモチベーションを高め、乗り越えようと頑張るでしょう。そうやって一人前のビジネスパーソンに育っていくものなのです。

このように、「部下の指導」には「座学」や「長い説明」は要りません。言葉は必要最低限にとどめるよう心がけてください。

口を動かす前に、手を動かすこと。そして、部下ができるようになるまで、何度も手本を見せること――これが指導の基本です。

もちろん手間はかかります。口頭による1回の説明で済ませてしまった方が、はるかに楽なのはよく理解できます。しかし部下を指導するのに、手間と根気を惜しんでは絶対にいけません。

かけた手間の分だけ、部下は大きく成長するものだ、と肝に銘じてください。

自部門を背負って立つ一流プレイヤーを、あなた自身の手で育てるつもりで、一人ひとりの部下に根気強く向き合いましょう。

「何回言ったら分かるんだ？」は禁句

作業の指導方法の基本は「やってみせ、やらせてみて」であると説明しましたが、細々した問題点は、気づいたその場で、口頭で注意しなくてはいけません。

会社から決められた手順通りに作業していない、分からないことがあっても上司に相談しようとしない、作業を終えた後にセルフチェックをしない、後工程に回す帳票が分かりづらい、といったように、人によって抱えている問題は様々ですが、いずれも共通しているのは、「当の本人は、自分の問題に気づいていない」という点です。そのため、リーダーがその都度指摘しなくてはいけないのです。

しかし、いくら注意したからといって、すぐに行動が変わると思ったら大間違いです。ましてや2、3回指摘しただけで、「何回言ったら分かるんだ！」と部下を叱りつけるなど言語道断です。そんなことをしても、部下は萎縮するだけで、問題が解消することは絶対にないからです。

先にも話した通り、人間は自分の問題に、自ら気づくことはまずできません。したがって、無意識に問題行動を繰り返してしまい、いつの間にか習慣化してしまいます。

こうして体に染みついた習慣を変えるには、非常に労力がかかります。それこそ、何十回、何百回の指導が必要になるのは間違いありません。非常に根気がいることなのです。

何度も同じことを言いたくない、と思うのは、誰でも同じです。

何度も同じことを言われたくない、と部下から嫌な顔をされるのも同じです。

しかし、だからと言って、2度や3度の注意だけで、あなたが諦めてしまったら、部下の行動は変わりません。先ほども言った通り、自分では自分の問題に気づけないからです。むしろ「注意されなかったから、このままでよい」と、問題行動は強化されてしまいます。そうなれば、部下の問題は一生直らず、その仕事で一流になることはできないでしょう。

近頃は、「社員の自主性を重んじる」という名分を掲げ、問題点の指摘は1度だけ行い、あとは「社員が自分で気づき、自分から問題行動を直すことを期待する」という考え方が広がっているようです。

しかし、自分で自分の問題点に気づき、かつ自分から直そうと努力する人なんて、誰一人としていません。もし、そんな人がいたら一流の経営者になれるでしょう。よしんば、自分の問題に気づくことができても、上司から注意されない限りは、直そうとは絶対にしません。それが現実です。だからこそ、上司であるあなたが、その都度注意してあげる必要があるのです。

「何回言ったら分かるんだ?」と口にしてしまうことは、リーダー自ら「ギブアップ」と言っているのと同じです。

部下の成長を絶対に諦めない――強い気持ちを持って、根気強く何度でも注意、指導を繰り返しましょう。

「とりあえずやってみろ」も禁句

現場では、必要最低限の研修を終えた部下に対しては、実務を任せることになります。では、どのように作業指示を出せばよいのでしょうか？

近頃は「若手社員の頃から主体性を持つことが大切だ」という主張を、よく耳にするようになりました。

この考え方に傾倒したリーダーは、たとえ相手が新入社員であっても、「とりあえずやってみて」と言い、目標（ゴール）と納期を示すだけで、具体的な作業手順までは指示しません。

作業手順を自分で考えさせることで、積極的にアイデアを生み出すような主体的な姿勢を育み、責任感のある行動が取れるようになる――真っ当な考え方に見えますよね。確かに、社員一人ひとりが主体性を持つことは、とても大切なことです。

しかし、はっきりと断言しておきます。**ビジネスパーソンとして未熟な人間に対して、細**

かい手順を示さずに作業を命じるのは、彼らに「誤ったプロセス」を身につけさせるだけの、「無責任」な行為としか言いようがありません。

人間誰しも、周囲からの「評価」にとらわれがちです。そのため、期待された成果をあげられず、叱責《しっせき》されたり、失望されたりすることを、本能的に避けようとし、「目先の成果」を求めてしまうのは仕方のないことです。

あなたも中学、高校に通っていた頃、親や先生から怒られないように、学校のテストで良い点数を取ろうと頑張った記憶があるでしょう。

その一方で、学校の授業をしっかり聞いて、ノートを取り、教わったことを理解するまで復習するという「正しいプロセス」を、子どもに徹底できる親や先生は、ほとんどいません。そのため多くの子どもは、テスト前日になって優等生のノートを借り、一夜漬けで頭に押し込むという、その場しのぎの「誤ったプロセス」を無意識のうちに繰り返すようになります。

程度の違いこそあれ、あなたにも似たような経験があると思います。では、結果はどうだったでしょうか。

学校の授業で教わったことを、今でもはっきりと覚えていますか？

社会人になって、それらを活かせていますか？

いずれの問いも、答えは「NO」に決まっていますよね。つまり、仮にテストで良い点数を取ったとしても、勉強の仕方が間違っていれば、結局は何も身につかないということです。

今挙げた例からも分かる通り、**未熟な人間にやり方を任せると、「プロセス」を重視せず、「目先の成果」だけを追求してしまうため、真の実力は身につきません。**

つまり、部下に対して、目標と納期だけを示して作業を命じる人は、「来週のテストで100点を取りなさい」としか言わない親や学校の先生と同じです。もし部下が期待通りの成果をあげてきたとしても、ただの「その場しのぎ」であり、決して長続きはしません。すなわち、彼らが真の実力を身につけたとは言えないのです。

Webの制作を例にしましょう。上司から「今日中にWebページを5ページ以上作るように」とだけ命じられたら、部下はどのようなプロセスで作業するでしょうか。

「期限内に1ページでも多く作るにはどうすればよいか」ということだけを考えるのが普通です。そのため、「作業スピード」や「効率化」だけを考え、本来であれば最優先すべき「正確性」をおろそかにしてしまうでしょう。

それを何回も繰り返せば、文章の入力漏れや、リンクの設定ミスなどが頻発し、いつしか大きな事故を招くことになるのは目に見えています。

つまり、**「部下の主体性を重視する」という名分を掲げ、細かい手順を示さないまま作業指示を繰り返しているリーダーは、大事故を引き起こす「時限爆弾」を自らの手で作ってい**る、と言っても過言ではないのです。

これまでの説明でもはっきりしたように、**部下に作業の指示をする際は、細かい作業手順を示さなくてはいけません。そうすることによって、「正しいプロセス」を部下の体に叩き込むことができます。**

では、「正しいプロセス」とは、どのようなものなのでしょうか?

それは、**自分と自部門の利益にとらわれず、お客様の満足度を追求するために設計された過程**、と言えます。

「正しいプロセス」を作るには、専門知識はもとより、業界知識、ビジネスの常識、会社の経営戦略など、広い分野における深い理解度と、自分の利益に惑わされない胆力が求められます。

したがって、ビジネス経験の浅い若手社員が、自分で考えて「正しいプロセス」を作れるわけがありません。もし彼らにプロセスを作らせたなら、目先の成果を追求したものだけになると考えて間違いないでしょう。

つまり、**作業のプロセスを作るのはリーダーの仕事**ということです。決して部下の領分ではありません。

部下は、上司の設計した「正しいプロセス」を、何も考えずに何度も繰り返すことで、ビジネスパーソンとして成熟することに集中できるのです。

人を育てるにあたり、決して間違ってはいけないのは「順逆《じゅんぎゃく》」です。

先ほども言いましたが、社員一人ひとりの主体性を引き出すことは、リーダーとして非常に重要なミッションであるのは間違いありません。しかし最優先ではありません。

リーダーが最優先すべきは、ひとりでも多くの部下をビジネスパーソンとして成熟させることです。そのためには「正しいプロセス」を、ひたすら繰り返させるより他に道はありません。

部下の主体性を引き出すのは、彼らがビジネスパーソンとして成熟した後の話であることを正しく認識し、細かい作業手順を指示するようにしましょう。

「考えろ」「工夫しろ」も禁句

細かい作業手順を指示されたとしても、業務の途中で分からないことの一つや二つは必ず発生します。結果、部下が上司に質問するのはよくあることです。

その際、あなたはどのような受け答えをしていますか？

若いうちから自分で考える習慣を身につけさせることが、自主性を育むことにつながる――近頃はそのような論調が見受けられます。

そのような考え方の人ほど、「すぐに人を頼るのではなくて、自分で考えるくせをつけなさい」「まず自分で調べて、工夫しなさい」と言って突き放します。

しかし、ビジネスの経験が浅く、ビジネスパーソンとして未熟な若手社員の「判断」は、たいていの場合、間違っているのが現実です。なぜなら彼らは、先述の通り、「目先の成果」にとらわれがちだからです。

ですから、自分で考えた結果、失敗に終わり、上司から「こんなやり方ではダメだろ！」と叱責されたり、「こうやるのが正解だよ」と諭されたりするのがオチです。

部下からしてみれば、ただでさえ忙しそうにしている上司に対し、勇気を振り絞って聞いたにもかかわらず、あっさり突き放されたら、どのように感じるでしょうか。少なくとも「次からは質問しないようにしよう」となって、心を閉ざしてしまうでしょう。さらに「だったら最初からそう教えてくれればいいのに……」と不満を募らせるのは当然の流れです。

「塵も積もれば山となる」のことわざ通り、たとえ小さな不満であっても、何回も続けば、積もり積もって爆発します。具体的に言えば、いきなり退職を申し出たり、体調不良をきたして休職したりしてしまいます。

そんな事態に陥らないためにも、部下を作業手順で迷わすことのないような指示を心がけなければなりません。

すなわち、**作業に関する部下からの質問に対しては、「オンかオフか」、「右か左か」といった、細かい動作レベルまで落とし込んで答えなければならない**、ということを覚えておきましょう。

料理を例に挙げれば、分かりやすいと思います。

レシピに「玉ねぎを切ってください」と書いてあったら、あなたならどうしますか？

みじん切り、くし型切り、半月切り、ザク切り、輪切り、薄切り——挙げだせばきりがありませんが、料理には切り方ひとつ取ってみても、様々あります。ただ単に「玉ねぎを切ってください」だけでは、いったいどんな切り方をすればよいか、さっぱり分かりません。

仕事も同じです。ただ単に「線を引いてください」と命じられても、直線なのか曲線なのか、長さや太さはどれくらいなのか、指示された側は分かりません。

ですから、**部下が作業手順について質問してきたり、あなたの意図した通りではない成果物を提出してきたとしても、彼らの理解力や実務遂行力が低いわけではありません。あなたの指示の出し方が悪かったと言わざるを得ません。**

以上の説明からも分かる通り、部下に「どうしたらいいか?」と考えさせてはいけません。また、「こうしたらよいのではないか?」と工夫させてもいけません。

そんなことを言えば、「指示したことしかやろうとしない、『指示待ち人間』になってしまうのではないか」と指摘する人もいるかもしれません。

しかしビジネスパーソンとして成熟する前に、勝手に自分の考えた手順で作業を進めるくせが身についてしまうと、間違った考えのもと、間違った行動をする人間になってしまいます。そうならないためにも、リーダーがプロのビジネスパーソンになれるよう導かなくてはいけません。したがって、「正しいプロセス」を体で覚えるまでは、リーダーの指示から外れた作業をさせない方が賢明と言えます。

心配せずとも、「正しいプロセス」を身につけ、ひとりで成果をあげられるようになれば、おのずと自分で考えたり、工夫したりするようになるものです。

4月になると、大手企業の社長が新入社員に訓示を述べている様子を、あなたもニュースなどで一度は目にしたことがあるでしょう。そこで多くの社長が「クリエイティブな人間になりましょう」とか、「誰かに何か言われて動くのではなく、自分で考えて行動できる人間になりなさい」と話していると思います。

しかし私はそのような訓示を耳にするたびに、「右も左も分からぬ新入社員に対して、なぜそのようなことを話すのか」と、常々疑問に感じています。

一人前に仕事ができるようになる前の新入社員に、自分一人で考えて行動されてしまっては、収拾がつかなくなってしまうのは目に見えています。中には作業を一からやり直さざるを得ず、納期遅延などでお客様に迷惑をかけてしまうこともあるでしょう。

また、新入社員にしてみても、社長からは「クリエイティブな人間になりなさい」と言われ、上司からは「言われたことを言われた通りにこなせる人間になりなさい」と言われたら、どちらの言いつけを守ればいいのか分からずに、大きなストレスを抱えてしまうことは目に見えています。

自分で考えて能動的に行動することは経営幹部に対して求めることであり、決して新入社員や若手社員に求めてはいけません。

指示が動作レベルまで落とし込まれていることで、部下は「判断」をすることなく作業に集中できます。さらに、会社の期待した成果を生むことができるでしょう。

その結果、部下の自信につながったり、あなたとの信頼関係が強まったりするなど、良い結果につながるものなのです。

仕事はすべて帳票とシステムで

若手社員の育成にあたっては、実践を通して「正しいプロセス」を覚えさせていくのと同時に、「ビジネスの心構え」も身につけさせなくてはいけません。

ひと口に「ビジネスの心構え」と言っても、ピンからキリまで様々なものがあります。その中でも一刻も早く身につけさせるべきものは、**「仕事の質を追求すること」**です。

簡単に言えば、学校のテストでは80点で「優」を貰えたのに対し、ビジネスではあらゆる仕事で100点満点を取らねばならないことを教える必要があります。

仮に、納品物100点のうち1点でも不具合があれば、ビジネスでは「事故」です。顧客からのクレーム対応に追われるだけでなく、残り99点のすべてに対して再検査せねばならなくなり、会社に大きな損害を与えることになってしまいます。

だから、ビジネスでは常に100点満点を取る必要があるのです――そう口頭で教えるのは簡単ですし、部下も頭で理解するのに時間はかからないでしょう。

しかし、それだけでは不十分です。なぜなら頭で理解したからといって、自分から行動に移すことは、まず不可能だからです。したがって、リーダーが部下に「具体的な方法」を示す必要があります。

では、仕事の質を追求するための「具体的な方法」とは、どのようなものなのでしょうか。その答えを知るには、「事故が多い組織は、どのような組織なのか」を理解しておく必要があります。

私の経営している会社のＷｅｂ制作部門を例にしましょう。弊社のお客様は上場企業が中心であることから、ホームページは数千ページ以上の大規模なものが多く、1点のミスもない状態で納品するのは困難を極めます。

会社の規模が小さく、社員数も少なかった頃は、対応する案件数も限られていたため、管理職者の目が隅々まで行き届いており、事故の件数はさほど多くありませんでした。

しかし会社が大きくなるにしたがって、差し替えるはずの写真やテキストが以前のまま変わっていない、システムが動かない、表示が崩れているなど、大小様々な事故が頻発するようになってしまったのです。

とくに、納品が重なりがちな3月の年度末になると、現場の社員たちは毎日のように深夜まで残業して事故の対応に追われる始末。たいていの事故は、自分たちの作業ミスが原因ですから、修正に膨大な時間がかかってもお客様に作業費を請求することはできません。言うまでもなく、事故の対応件数が多いほど利益を圧迫しますから、中には赤字ぎりぎりまで追い込まれてしまう案件もあるくらいでした。

さらに、ミスを起こした作業者や、お客様の窓口になっているディレクターの中には、「自分が悪かったのだ」と責任を強く感じてしまう人もおり、彼らの精神的な負担も相当なものだったに違いありません。それがきっかけで退職の道を選んでしまった人も少なくなかったでしょう。

このままでは会社の経営を前に進めることはできない――そう判断した私は、Ｗｅｂ制作部門の全面的な改革に乗り出しました。まず着手したのは現状の把握です。そこで浮彫りになったのは、次のような実態でした。

❶作業手順が属人的
❷口頭やメールでの作業指示が多く、対応漏れが生じている
❸リーダーが部下の仕事を細かくチェックしていない
❹部下からリーダーへの「報連相」が遅い、またはできていない

この4点こそ、「事故の多い組織」に共通する項目です。ですから、自分の部門で事故が減らないと感じているなら、まずはこれらの問題が生じていないか、確認しなくてはいけません。

これら4点の問題を解消するためには、次の事項を進めることが肝要です。

- **業務の標準化**
- **仕事はすべて帳票とシステムで回す**

「業務の標準化」とは、誰が作業しても同じ品質の成果物ができるよう、作業手順を統一することです。

そして、標準化された手順にそって作業ができるよう、作業内容、納期、原稿の置き場所、成果物の提出先などを正確に伝えるものが「帳票」と「システム」です。

では、なぜ業務を標準化し、帳票とシステムで仕事を回すようにすると、先の問題点が解消されるのでしょうか？

ここでも「料理」を例にしてみましょう。

上司から、料理の内容、点数、食材や調理器具の保管場所などを、口頭で説明され、「あとは自分で作りなさい」と指示されたら、どうでしょうか？

まずは料理の手順を調べるところから始めるより他ありません。

上司は部下がどんな手順で進めているのか分かりませんから、進捗の把握が難しくなります。部下に調理を任せざるを得なくなり、チェック回数が少なくなるのは目に見えています。

さらに部下にしてみても、自分のやり方が正しいのか間違っているのか、まったく判断がつきません。結果として、料理ができてから味見をしてもらうことになり、下手をすれば大部分の工程をやり直す羽目になってしまいます。

仮に問題なく完成したとしても、その出来は作業者によってバラバラで、めったに料理をしない人の作ったものは高い確率で美味しくないのは、想像に難くありません。

そして、指示された料理の点数が多ければ、いくつか作り忘れが生じるのも当然と言えましょう。

では、「写真付きのレシピ」と、作るべき料理の点数、食材、調理器具の場所などの「詳細が書かれたメモ」を手渡されたうえで、「これらに従って作りなさい」と指示されたらどうでしょうか。

完成までの手順が明白ですから、難しいことを考えなくても作業を円滑に進めることができます。

上司は「レシピのどの部分を作業しているのか」を確認すればよいので、進捗が把握しやすくなります。自然と頻繁にチェックするようになるでしょう。

さらに作業者は、レシピで分からない箇所があれば、すぐに上司に相談することが可能になります。そのため、工程の大部分をやり直す、というような事態に陥ることはないはずです。

完成した料理は誰が作っても大差なく、美味しく食べることができるでしょうし、メモに明記された点数分、漏れなく料理を作ることができるはずです。

「料理」でいう「写真付きのレシピ」を作ることが「業務の標準化」です。また、「詳細が書かれたメモ」が「帳票」や「システム」になります。

この2点が存在するだけで、未然に事故を防ぐだけでなく、誰が作業しても高い品質の成果物を作れるようになるのは、よく理解できたと思います。

実際に私の経営する会社では、Ｗｅｂページの作り方はもちろんのこと、各ファイルの命名ルール、テキストエディターなどのアプリケーションソフトの使い方や、パソコンのキーボード操作に至るまで、統一できる作業については、細部にわたって徹底的に標準化し、その手順を「作業要領」に落とし込みました。

また、作業者が迷わず業務に臨むことができるよう、「帳票」と「システム」を整備して、「テキスト1行の修正」レベルの細かい作業ですら、それらを用いて指示するよう厳命しました。

その結果、事故件数が大幅に減少し、顧客満足度と利益率の向上、社員の負担軽減など、様々な改善が実現したのです。

今説明したことからも分かる通り、**若手社員に「仕事の質を追求する心がけ」を身につけさせるには、帳票やシステムで指示された作業を、標準化された手順通りに進めさせればよい、ということになります。**

こうすることで、若手社員は自分の勝手な判断で仕事を進めることがなくなるため、大きな事故を引き起こさないのはもちろんのこと、会社の期待した通りの成果をあげられるようになり、それが彼らの自信にもつながるのです。

時には、他部門からメールで作業依頼を受けることもあると思います。中には、あなたの部下に対して直接指示を出す人もいるかもしれません。その人が自分よりも役職が高ければ指摘しづらいものです。

それでも「作業を依頼する際は、この帳票を使ってください」と突っぱねてください。

あなた自身が毅然とした態度を示すことで、部下は「仕事は常に帳票とシステムを使って依頼しなくてはいけないのだ」ということを体で覚えられるのです。

一度でも口頭やメールでの作業指示に慣れてしまった人に、帳票とシステムを使うよう徹底するのは、大変骨が折れます。それは、私が身を以て体験した事実です。

人間誰しも楽な方に流れるのは当たり前ですから、多少なりとも手間のかかる帳票やシステムに抵抗を感じるのは自然なことだからです。

だからこそ、**入社直後から、帳票とシステムを使って仕事を回すことを習慣化させなくてはいけません。**

その習慣が身についた人は、口頭やメールで作業指示をされた際に、違和感を覚えるようになるでしょう。常に「正しい方法」と「正しいルート」で仕事を回すくせがつき、「仕事の質を追求するビジネスパーソン」に成長できるのです。

怒るな。上下左右にできるまで1万回チェック

どんなに事細かに指示をして、標準化された手順で仕事を任せたとしても、あなたの期待通りの成果があがってくるとは限りません。むしろ若手社員のうちは、十中八九、何らかの不具合があると考えて間違いないでしょう。

「オンか、オフか」という動作レベルまで落とし込んで作業指示をしたにもかかわらず、期待通りの成果があがってこなければ、誰でも心中穏やかでないのは仕方のないことです。とくに納期が迫っていれば、余計に苛立ちが募るでしょう。

しかし、感情に任せて怒りをあらわにしたり、冷たく突き放したりするような仕草を見せてはいけません。そんなことをしても、あなたと部下の人間関係にひびが入るだけで、何のプラスにもならないからです。

「何回言ったら分かるんだ？」は禁句だと言った通り、人は1度や2度言い聞かせただけで行動が変わるなんてことはまずあり得ません。ですから、毎回同じようなミスや失敗を繰り

返してしまうのは仕方のないことなのです。

スキーやスノーボードをしたことがある人なら、そのことはよく理解できると思います。インストラクターから手取り足取り教わっても、すぐには滑れるようになりませんよね？

何度も転んで、その都度もう一度コツを教わって、また転んで……それを1日中繰り返して、ようやく緩い斜面なら滑れるようになるものです。それでもまだ、斜面がちょっとでも急になったり、デコボコになったりするだけで尻もちを繰り返すことになるでしょう。

仕事もまったく同じです。2度や3度、手取り足取り教わったからといって、すぐにひとりでできるようになるなんて、まずあり得ません。

ですから、「ミスをするのが当たり前なのだ」という前提に立って、期待通りの成果が出るまで、1万回であっても細部にわたってチェックし、懇切丁寧に指導を繰り返しましょう。

ビジネスの世界では、感情をコントロールすることは非常に大切です。とくにリーダーが感情でものを動かすような人間だと、部下は常に上司の顔色をうかがって仕事をするようになります。

しかし本来であれば、上司の顔色ではなく、お客様の満足度を最大限まで高めることを目的に仕事を行わなくてはなりません。

打ち合わせで利用する資料一つとってみても同じです。「この表現なら、お客様にも伝わるかな?」とか「この提案ならお客様に納得してもらえるかな?」といった風に、文章1行であっても、その先のお客様を意識しながら作るべきです。

しかし、上司の顔色をうかがって仕事をするようになってしまうと、「この表現なら上司のOKがもらえるかな?」などと上司の機嫌ばかりを気にして、お客様のことなど二の次になってしまうものです。

その度が過ぎると、上司に怒られたくないという一心で、不正を働いたり、お客様の不利益になることを行ったりするようになります。

私の経営する会社の社員にBさんという中途社員がいます。彼の前職は英会話スクールの営業だったそうですが、その時のエリアマネージャーが非常に感情的な人だったそうです。

売上予算が達成できそうにない状況になると、店舗のマネージャーを教室の隅で厳しく叱責し、その様子を見た若い女性社員が、あまりの恐怖で泣き出してしまうこともあったとか。予算が未達ともなれば、深夜まで説教が続き、翌朝まで営業のロールプレイをさせられたそうです。

部下である店舗のマネージャーたちは、エリアマネージャーから怒られまいと、予算達成のことだけを考えていました。「客を見たら金と思え」と部下に言い、仮にお客様にとって不必要であっても、高額な契約を取ることを最優先させました。

その結果、社員たちは次から次へと辞めていき、人材が育たないから予算の未達が続くという悪循環に陥っていたとのことです。

あまりに極端な例かもしれませんが、程度の違いこそあれ、あなたの部下が自分の顔色をうかがっていないか、今一度省みてください。

言葉には出していなくても、普段からピリピリしていたり、表情が怖かったり、声が不機嫌そうだったり……と、無意識のうちに、部下が萎縮してしまうような雰囲気を醸し出していませんか?

とくに新型コロナウイルス感染症が流行してからは、マスクをつけたまま仕事をするのが当たり前で、社員との会話もオンラインで行うケースが多くなったという職場もあると思います。中には、顔を直接合わせる機会はほとんどなく、コミュニケーションもチャットだけ、という人もいるでしょう。

ですから、これまで以上に、目つき、声の調子、それから言葉遣いに注意を払い、「とっつきやすい上司」であるよう心がける必要があります。

もちろん、時には厳しく叱責しなくてはいけない場合もあります。それは「虚偽の報告をした時」と「職務を怠慢した時」だけです。それ以外のミスや失敗で怒ってはいけません。

そもそも、あなたが叱責しなくても、ミスをした本人が一番悔しい思いをしているものです。「迷惑をかけて申し訳ない」という気持ちも抱いているでしょう。

だから、「ミスや失敗はつきものだから気にするな」と、大らかな気持ちで接してあげてください。そうすることで、あなたと部下の信頼関係はより一層強まり、部下が本来の目的を見失わずに仕事に打ち込むことができるのです。

報告は聞くな

先ほど、誰でもミスや失敗はつきものだ、という話をしましたが、場合によっては、ミスが引き金になって、お客様や会社に損害が生じる「事故」に発展してしまうこともあります。率先して「事故」の解決に当たるのはリーダーの職務ですから、部下から状況や経緯について報告を受けることになります。しかしその際、忘れてはいけないのは、**一部始終を包み隠さず口頭で報告できる人はまずいない**、という現実です。なぜなら人間誰しも、自分のことが可愛いからです。つまり、自分にとって都合の悪い部分は隠したり、濁したりしがちということです。

しかし往々にして、彼らの都合が悪い部分こそ、事故やクレームの真因が存在しているものなので、注意しなくてはいけません。

具体的な例を挙げておきましょう。

私の経営する会社で、とあるお客様から、「担当者に不満があるので、すぐに変更してほしい」という趣旨の連絡が入りました。仮にその担当者をCさんとしましょう。

Cさんの上司は、すぐにCさん本人から状況と経緯を確認しました。

Cさんいわく、半年以上前に先方から「会社の方針変更に伴い、前に締結したものとは別のフォーマットで秘密保持の契約を締結してほしい」との依頼を受けたが、「以前締結した契約書と内容が重複しているため、新たに締結することはできかねる」と断ったとのこと。

その後も何度か同様の依頼を受けたが、その都度突っぱねていたようです。

つまり、Cさんの報告からは、「何度も契約締結を断られたことが不満となって爆発した」と受け取れました。

その報告を聞いたCさんの上司は、お客様の提示した契約書を確認し、締結しても問題ない内容だと判断しました。そして、「契約書を締結すれば、問題は解決するはずだ」と結論づけたのです。

しかし、私にはそうは思えませんでした。

確かに契約書を締結できれば、多少溜飲《りゅういん》は下がるでしょう。ですが、それだけでは根本的な解決にはならないのではないかと考えたのです。

そもそも、上司が確認してすぐに「締結しても問題ない」と判断できる契約を、Cさんはなぜ頑なに断り続けたのか、その間に上司が契約書を直接見る機会は一度もなかったのか
――私には疑問に思えてなりませんでした。

そこで私は、お客様とCさんのやり取りについて、さらに深く調査するよう、彼の上司に命じました。すると、Cさんがお客様の依頼を断ったのは最初の1回目だけで、その後は、お客様からの依頼に対して、何も返答せず、放置していたという事実が発覚したのです。したがって、お客様は、契約締結を断られ続けていたことではなく、Cさんの対応そのものに強い不満を抱いていたことになります。

もしCさんの報告を鵜呑みにして、契約締結を進めるだけで事をおさめようとしていたら、どうなっていたでしょうか。お客様にしてみれば、ただ単に上辺を取り繕っているように映るのは考えるまでもありません。そのため、私たちの会社に対してさらに不満が溜まり、最終的には契約の打ち切りに発展してしまうのは、想像に難くないと思います。

今の例からも分かる通り、部下の話を聞きすぎると、間違った判断につながってしまい、より大きなトラブルに発展してしまう恐れすら生じます。

では、どのように報告を受ければよいのでしょうか?

答えは非常に単純です。聞きすぎると判断を誤るわけですから、聞かなければいいのです。すなわち、**報告を耳で聞くのではなく、必ず「現物」を目で見て、状況を把握するように心がけなくてはいけないということです。**

「現物」とは、成果物、打ち合わせ等で利用した資料、お客様からのメール、契約書およびサービス約款など、目に見えるモノを指します。それらは現実に存在しているものであり、誤魔化しようがありません。そのため、色眼鏡で見ることなく状況を把握することができるようになり、結果として正しい判断が下せるようになるのです。まさに「百聞は一見に如かず」のことわざの通りです。

ただし、お客様とのやり取りが電話や商談だった場合は、「現物」がありませんから、部下に口頭で説明させる必要があります。その際には、くれぐれも憶測や意見を言わせてはいけません。

お客様から、どのような内容を、どのような表現で、どのような口調で言われ、それに対してどのように答えたのか――会話の内容のありのままを忠実に再現してもらってください。状況把握に必要なのは「客観的事実」だけだ、ということを肝に銘じて、部下からの報告を受けるようにしましょう。

この機会に是非覚えておいてほしいのは、**仮に事故を起こしてしまっても、その後の対応が良ければ、その損失を補って余りある利益をもたらすということです。**

今回の例で言えば、正しい問題解決ができたため、お客様から追加取引の相談をいただくまでに信頼を回復することができました。

事故の対応を判断するのは、リーダーの仕事です。しかしどんなに優れた人であっても、いきなり正しい判断を下せるようにはなれません。ですから、日常の業務報告から、「現物」をチェックし、作業の状況を判断する習慣をつけるようにしましょう。

どんなことでも同じですが、日々の小さな積み重ねが、いざ重大な局面に立った際に、大きな力を発揮するものであることを忘れないようにしたいものです。

現地・現物・現認。現場は嘘をつかない

「今日、あなたは自分の部下と何回、仕事の会話をしましたか？」

あなたはこの質問に、どのように答えるでしょうか。

「数えきれないほど何回も行った」と言う人もいれば、「始業時、昼、終業時の３回程度」と答える人もいるでしょう。いずれにせよ、多くの人が１日に１回は部下とコミュニケーションを取っているものだとは思います。

では、次の質問はどうでしょうか。

「今日、あなたは現場に出て、部下一人ひとりの、表情、作業の仕方、作業の途中で困っていることはないかなど、細部にわたってチェックしましたか？」

恐らく、そこまでチェックしている人は稀ではないでしょうか。

しかし、「部下を一流のビジネスパーソンに育てたい」と心から思っているなら、ただ口頭のやり取りだけでは足りません。先述の通り「百聞は一見に如かず」です。

そこで次の3点を徹底しなくてはならないと、私は考えています。

- 現地に出てチェックすること……現地
- 成果物などの現物をチェックすること……現物
- その場で確認し、指導すること……現認

これらを、**私は「現地・現物・現認」と呼び、指導の要諦としています。**

先にも述べた通り、近頃は「自由」を履き違えた「放任主義」が蔓延しています。そのため、部下に必要最低限の教育を施し、作業指示を出した後は、成果物をあげてくるまで放置するリーダーが増えているのではないかと思います。

トイレとランチ以外は自分のデスクの前からほとんど動かず、部下が自分から報連相をしてきた時だけしか彼らと会話しない——そんな人もいるでしょう。

とくに新型コロナウイルス感染症が流行して以来、テレワークを導入する企業が増えました。部下と直接顔を合わせる機会すら皆無で、コミュニケーションはチャットのみ、という

状況では、定例のミーティングと時折あがってくる成果物からしか部下の現状をうかがい知ることができません。

そのことに何の疑問も持たない人は「決められた期限内に成果さえ出してくれたらいい。だから部下の現状を細かくチェックする必要はない」という考え方なのは明らかです。

しかし、そのような考え方で、部下を一流のビジネスパーソンに育成することができるでしょうか。私は甚《はなは》だ疑問に思わざるを得ません。

古くから世界的に、様々な職業で「徒弟制度」という、親方（師匠）が弟子を直接指導する手法が取られてきました。古典芸能、伝統工芸、料理人といった世界で「徒弟制度」が続いているのは、あなたもよく知っているでしょう。

日本のビジネスの世界では、「丁稚奉公《でっちぼうこう》」といって、商店や工房に入ってから数年は使い走りや雑用に従事させ、その面倒を主人や親方が見て、厳しくしつける「徒弟制度」がありました。

「修業を開始してから数年は雑用しかさせない」とか「親方と寝食を共にし、身の回りの世話をさせる」など、当時の指導法が現代のビジネスに通用するか否かをここで論じるつもりはありません。

しかし、「徒弟制度」によって優れた職人が何人も輩出され、高い技術が受け継がれてきたのは、紛れもない事実です。ビジネスの世界でも、松下幸之助、本田宗一郎、安田善次郎など日本を代表する経営者たちが「丁稚奉公」で商売のいろはを身につけ、立身したことは有名な話です。

また、医療や士業など、専門性の高い職業で「徒弟制度」が存在していることや、欧米の世界的に有名なＩＴ企業でも「アプレンティスシップ」と呼ばれる「徒弟制度」で優秀なエンジニアを自社で育てる風潮が生まれていることからも、「徒弟制度」が優れたプロフェッショナルを育成するのに適した制度であることは疑いようがありません。

では、なぜ「徒弟制度」が浸透した組織から、優秀なプロフェッショナルが輩出されるのでしょうか？

それは、親方が現場に出て、弟子の仕事を徹底的にチェックし、細かいところまで口うるさく指導しているからに他なりません。

そうやって、業務に必要なスキルや知識だけではなく、仕事に対する向き合い方、規律や礼節といった良識ある人間としての立ち居振る舞い、ビジネスの慣習、業界の常識、職場に適応するための人間関係のルールなどを、一人ひとりの成長速度に合わせて、弟子の体に叩き込んでいるから成し得ることなのです。

一方で「成果さえあげてくれれば何でもいい」という考え方のもと、リーダーが現場に出てこない組織では、プロのビジネスパーソンは絶対に育ちません。なぜなら部下にとって、模範とすべき人物が近くにおらず、優れた人間性を身につけたり、プロフェッショナルとしての見識や胆力を鍛えたりすることができないからです。

このことからも、人を育てる際は、「何を教えたか」よりも、「どのようなプロセスで人を育てたか」の方が遥かに重要であることがよく理解できると思います。

だからこそ、管理職者は「現地・現物・現認」が大切なのです。デスクにかじりついたまま、画面に映るデータだけを見つめていても、部下の現状を把握することはできません。1日数回のオンラインミーティングだけで人を育てることができると思ったら大間違いです。いわんや、声すら伝わらないチャットだけで部下とのコミュニケーションを済まそうなど、お話にならないのです。

口頭での業務報告はいくらでも飾ることができますが、現場は嘘をつきません。現場を見れば、部下のすべてが分かります。だから積極的に現場に出て、自分の目で部下の仕事をチェックする習慣を身につけることが大切なのです。

では現場に出たら、どんなところをチェックすればよいのでしょうか？

間違っても、業務に必要なスキルや知識の習得が多少遅れているからといって、早く覚えるようプレッシャーをかけてはいけません。そんなことをしても、部下の成長は早まりません。それどころか、仕事が嫌になってしまうのは目に見えています。

それよりも、正しい手順で作業を進めているか、前向きに仕事に取り組めているか、整理整頓や挨拶などの行動規範が守れているかなど、ビジネスパーソンとしての基本的な姿勢をチェックし、間違っていればその場で指導するようにしましょう。

また部下の仕事や成果物を細かくチェックすることで、彼らの状態が把握できるようになります。

例えば、普段はあまりミスをしない部下に多くミスが見られれば、心身に何らかの問題が生じているサインかもしれません。

ただ単に「前日の飲み会ではしゃぎすぎた」といった理由であれば、「仕事に支障をきたすことのないようにしなさい」とたしなめればよいでしょう。

しかし、そうでなければ、仕事で大きなストレスを感じていることも考えられるので、リーダーは「自分ごと」として向き合う必要があります。

この他にも、業務遂行能力、性格、業務に取り組む姿勢など、様々な状態を把握できるはずです。その状態に合わせて指導方法や仕事の割り振りを決めていけばよいのです。

現場はリーダーの鏡です。あなた自身の姿勢が現場にあらわれます。

もしあなたが自分のことばかりを考え、現場をおろそかにするならば、サービスの低下、品質の劣化、退職者の続出などを引き起こす劣悪な組織になってしまうでしょう。

その一方で、どんな曇った鏡でも磨き続けていれば明鏡となるように、リーダーが常に現場に出て、細かく指導し続ければ、必ずや優れた組織になります。

したがって、どんなに自分の仕事が忙しくても、「現地・現物・現認」の鉄則を守り抜き、部下を粘り強く指導し続けられる人が、強い組織を作る「優れたリーダー」と言えるのです。

努力は嘘をつかない

あなたは「雨垂《あまだ》れ石を穿《うが》つ」という言葉を知っているでしょうか。

「小さな雨粒でも、同じ場所に落ち続けていると、いつしか硬い岩石に穴を開けるものだ」という故事で、言い換えれば、「どんなに小さな努力でも根気強く続けていれば、いつか大きな成果を生むものだ」となります。

「雨垂れ石を穿つ」は、現代のビジネスにおける人材育成にも当てはまります。つまり、部下に正しい努力を続けさせれば、必ず成果をあげる人間に育つということです。その際の大切なポイントは次の3つになります。

❶一朝一夕にはいかない。根気強く続けさせねばならない
❷努力とは地味な作業の繰り返し。飽きさせてはいけない
❸間違った努力は実を結ばない。常に軌道修正が必要である

では、それぞれについて解説していきましょう。

❶一朝一夕にはいかない。根気強く続けさせねばならない

スポーツや音楽も同じことが言えます。例えば、野球では、素振りを地道に何千回、何万回と繰り返すことで、実践でも同じフォームでバットを振れるようになります。教え方の上手な指導者に1度や2度教えてもらったからといって、すぐに上手になれないのは、野球のことをよく知らない人でも、容易に想像がつくでしょう。

しかし、部下の育成になると、それを忘れてしまいがちです。すなわち、1度しっかりした研修を行えば、数日後にはできるようになるだろうと、勘違いしている人が多い、ということです。中には、教えたことをすぐにできない部下を見て、「この人は要領が悪い」とレッテルを貼るような人もいますが、それは大きな間違いです。

長い時間をかけて、同じ作業を何度も繰り返させることで、ようやく一つの仕事を身につけさせることができます。したがって、根気強く指導に当たらねばなりません。

そして、部下自身もまた、自分の成長に焦りやもどかしさを感じていることを忘れてはいけません。ですから部下が自分の思い通りに成長しないことに悩んでいるようなら、「どんな仕事でも一人前になるには時間がかかるものだ」と言って諭すのも、リーダーの務めです。

リーダーが部下の成長を諦めたら、そこで終わりです。「必ずこの人を一流のプロフェッ

ショナルに育てるのだ」という強い信念を持って、指導を続けるようにしましょう。

❷努力とは地味な作業の繰り返し。飽きさせてはいけない

先ほど、野球の素振りの例を挙げましたが、どんな分野でも、「努力」とは、軒から落ちる雨垂れのように驚くほど地味な作業の繰り返しです。

Ｗｅｂ制作の世界も同じで、決められたフォーマット（型）に原稿のテキストデータをコピー&ペーストで流し込むなど、とくに新入社員のうちは、何も考えなくてもできる作業をひたすら繰り返します。そうすることで、仕事全体の流れを体で覚えたり、作業で使うアプリケーションの操作に慣れたりすることができるのです。

しかし、若手社員の中には、「本当にこの作業を繰り返すことで成長できるのか」と疑心暗鬼に陥ってしまう人もいます。器用で要領の良い人ほど、少し仕事を覚えたところで、「自分はこの仕事ができるようになった」と勘違いし、課せられた作業では物足りなく感じてしまうものです。そのような人に対しては、同じ作業をひたすら繰り返すことでしか一流のビジネスパーソンにはなれないことをしっかりと説明したうえで、「仕事は飽きないことが大切だ」と教える必要があります。

小さな努力を積み重ねることのできない人間が、大きな成功を掴み取ることは不可能です。人は一足飛びに成長することはできません。そのことを、あなた自身がしっかり胸に刻んで

ください。そして、部下が単純作業をコツコツと続けられる習慣を身につけるまで、彼らを励まし続けましょう。

❸間違った努力は実を結ばない。常に軌道修正が必要である

先に挙げた野球で言えば、間違ったフォームでいくら素振りを繰り返しても、実戦で打てるようになれないのは当たり前です。むしろ間違ったフォームが身についてしまい、正しいフォームに修正することが難しくなってしまうでしょう。

仕事もまったく同じです。いくら作業を繰り返しても、そのやり方やプロセスが間違っていれば、いつまでたっても仕事ができるようにはなりません。努力とは言えないのです。

そのためリーダーは、部下の作業を常に現場に出てチェックしなくてはいけません。そして、仮に間違ったやり方で作業していたら、その場で指導する必要があります。

人は自分の間違いに気づけないものです。もっと言えば、無意識のうちに効率を求めたり、楽な方に流れたりしがちです。上司であるあなたが細かく仕事をチェックして、軌道修正し続けるようにしましょう。

以上が、部下に小さな努力を積み重ねさせるためのポイントです。

口頭で「努力を怠るな」と言うのは簡単です。成果が出なければ非難することも、まった

く難しくはありません。

しかし、自分一人で正しい努力を続け、成果をあげられるまで成長できる人間は非常に稀なのが現実です。もしそのような人がいたら、経営者として成功できる逸材です。だから「いない」と言っても過言ではありません。

名プレイヤーの影には名コーチが存在しているのと同じで、一流のビジネスパーソンには、必ずその人を導くリーダーがいます。ですから、部下の成長を自分ごととととらえ、二人三脚で困難を乗り越える覚悟を持って、指導に当たらねばならないのです。

第2章

難病のビジネス習慣病は入社3年以内に発症する

難病のビジネス習慣病は入社3年以内に発症する

人間の習慣とは恐ろしいもので、一度身についてしまうと、なかなか直りません。それが良い習慣ならいいのですが、悪い習慣だと非常に厄介です。

タバコの吸いすぎ、酒の飲みすぎ、甘いものや塩辛いものばかりを好んで食べる、休日は家でダラダラ過ごす……などなど挙げればきりがありませんが、これらの悪い習慣が「生活習慣病」の一因になってしまうのは、あなたもよく知っているでしょう。

ビジネスの場合は、身につけた習慣によって、その後のビジネスライフが大きく左右されます。

中でも、悪い習慣ばかりを身につけてしまうことを、私は「ビジネス習慣病」と呼んでいます。「ビジネス習慣病」にかかってしまうと、安定して成果を出せなかったり、たびたび大きな事故やクレームを引き起こしたりするため、ビジネスパーソンとして信頼の置けない人間になってしまいます。しかも、一度でも発症してしまうとなかなか治らない、言わば

「難病」なので注意が必要です。

Ｗｅｂ制作の現場では、作業ミスが原因で構築したシステムに不具合が生じるのはよくあることです。その不具合が小さいうちに正しく対処していれば、大きな事故に発展するリスクを最小限にとどめることができます。そのため、作業中に不具合を起こした時点で、上司に包み隠さず報告し、善後策をあおぐことが肝要となります。

正しい報連相が習慣化している人ならば、何も考えずに上司に報告できるでしょう。しかし中には、問題が生じても報連相をしない人もいます。上司が「何か問題は起きていないか？」と聞いても、「起きていません」と答え、自分で何とかしようと問題を抱え込みます。そして、納期ぎりぎりになって不具合が解消されていないことが発覚し、修正するのに他のエンジニアの作業時間を確保する必要が生じたり、納期が遅延したりするなど、お客様と会社に迷惑をかけることになるのです。

同じようなことが何回も続けば、その人に大きな仕事を任せようという気が起こらないのは当然です。つまり、「正しい報連相ができない」という悪い習慣一つで、エンジニアとして成功する道が閉ざされてしまうわけです。

今の例からも分かるように、部下が「ビジネス習慣病」にかかってしまうことは、本人のみならず、部門全体、ひいては会社全体のリスクに発展してしまうため、何としても避けなくてはなりません。そこで本章では、「ビジネス習慣病」を防ぐための具体的な方法について述べていきますが、その前に、「ビジネス習慣病」の怖い習性を2つ挙げておきましょう。

まず1つ目は、本人に悪気がないところです。すなわち、相手をだましたり、自己保身に走ったりするような、やましい気持ちがないまま無意識のうちに問題行動を繰り返してしまうことです。

そのため、第三者から指摘されなければ、気づくことすらできません。もっと言えば、ビジネスのことを熟知し、信頼している人から言われない限り、納得し、行動を変えようという気は起きないでしょう。だからこそ、リーダーから直接指導する必要があるのです。

2つ目は、「入社後3年で身についた習慣は、一生消えない」という残酷な事実です。なぜなら入社後3年以内がもっとも吸収力が高いからです。したがって、**入社後3年間のうちで、一つでも多くの良い習慣を身につけさせるよう、リーダーのあなたが部下に対して常日頃から指導することが大切です。**

以上の2点からも理解できるように、部下が「ビジネス習慣病」にかからないようにするには、リーダーの指導が不可欠と言えます。つまり、部下のビジネスライフが成功するか否かは、あなた次第であることを自覚するようにしましょう。

ビジネスの基本動作は実務遂行能力より大事

大きなプロジェクトに一人だけメンバーを加えるとしたら、どちらを選びますか？

❶実務遂行能力は未熟だが、正確な仕事をいつも心がけている人
❷実務遂行能力には長けているが、スピードを重視し正確性を軽視する人

多くの人は❶と答えるのではないでしょうか。実務遂行能力が未熟で多少時間がかかっても正確にこなしてくれた方が、事故を起こす確率が低くなり、円滑にプロジェクトを進めることができるからです。もっと言えば、プロジェクトの仕事をこなしていくうちに、スキルや知識が勝手に身につくでしょうから、作業スピードも徐々に速くなっていくことが見込まれます。

一方で、スピードばかりを追って正確性に欠ける人は、成果物に信頼がおけませんから、チェックに時間がかかり、差し戻しの回数も多くなります。結果的により長い時間が必要に

なることも多々ありますし、チェックで見落としがあれば事故を引き起こす恐れすらあります。それではプロジェクトを円滑に進めることができないのは当然です。

「スピードよりも正確な仕事を心がける」というビジネスの基本動作は、実務遂行力よりも大事だということが、今の例でよく理解できたと思います。そして、同じことが他の基本動作でも言えます。

- 後工程のことを考えず、配慮や思いやりに欠ける人
- いつも暗い挨拶しかできず、周囲の人間に明るい印象を与えられない人
- お客様からの簡単な質問や依頼にその場で対応せず、寝かせてしまう人
- 決められた納期に、事前の相談なく遅れる人
- 細かな報連相ができず、問題が大きくなってから報告してくる人
- 雑用をいつも放置して忘れる人
- 整理整頓ができておらず、デスクの上に書類を散乱させている人
- お客様や周囲の人間の都合よりも、自分の都合を最優先させる人
- ＰＤＣＡが正しく回せず、その場しのぎの仕事に終始する人
- 明確な目標がなく、毎日を惰性で過ごしている人

これらに当てはまる人は、いくら知識が豊富で専門的なスキルを身につけていても、信頼が置けません。逆に言えば、ビジネスの基本動作がしっかりと身についている人は、たとえ実務遂行能力が低くても、すぐに職場に馴染み、お客様から愛され、期待以上の成果をあげられるようになるのです。

つまり、**若手社員が真っ先に身につけなくてはならないのはビジネスの基本動作であり、リーダーはその徹底に注力しなくてはいけない**、ということです。

では、ビジネスの基本動作を身につけさせるには、どのように指導すればよいのでしょうか。それには2つのプロセスがあります。

まず1つ目は、「ビジネスの基本動作とは何ぞや」というのを、毎日のように言い続けることです。

そもそも、ビジネスの基本動作がどういったものか、親や学校から習った経験のある人など誰一人としていません。ですからまったく知らないわけです。社会人になって初めて知ったことを「やりなさい」と言われても、すぐに行動に移せないのは当たり前です。頭で理解し、その大切さを納得し、自分に置き換えることで、ようやく行動に移すことができます。

新型コロナウイルス感染症が流行する前まで、私は全社員のローテーションを組み、ランチとディナーを毎日数人ずつと取っていました。和やかな雰囲気の中、ビジネスの基本動作を1つか2つ取り上げ、自分の体験談を交えながら言って聞かせたのです。また、月に2回の全体朝礼でも、ビジネスの基本動作をなるべく具体的に、誰でも理解しやすい言葉づかいで話していました。

「耳にタコができる」と眉をひそめていたベテラン社員も少なくなかったと思います。しかし、それくらいがちょうどいいのです。しつこいと感じられるくらいに何度も言い続けないと、すぐに忘れてしまい、行動に移せるようにはならないからです。

2つ目のプロセスは、「問題行動を見つけたらその場で指導する」ということを何千回、何万回と粘り強く繰り返すことです。

先ほど「何度も言い続けることが大切だ」と話しましたが、悲しいかな、どれだけ言い続けても行動には結びつきません。

さらに、先に話した通り、当の本人は問題行動を問題だと認識していないケースがほとんどです。なぜなら幼少期の頃から染みついてしまった気質やくせが原因だからです。

例えば「正確性よりもスピードを重視してしまう」という傾向の持ち主は、幼い頃から人よりも宿題やテストを早く終わらせたことを親や先生から褒められた経験のある人ばかりでしょう。「できる人は何でも早い」という考え方が染みついてしまっているわけですから、社会人になって、いきなりそれを覆すのは大変骨が折れることなのは当たり前です。

言うまでもなく、1度や2度指摘したところで直りません。そのため、「ビジネスの基本動作が身につくまで、とことん付き合おう」という強い覚悟を持ち、粘り強く指導を続ける必要があるのです。

「ビジネスの基本動作とは何ぞや」を、なるべく具体的に、分かりやすい言葉で毎日のように言い続け、気づいたその場で指導を繰り返す——これがビジネスの基本動作を身につけさせる唯一の道です。近道はありません。部下が自分だけで身につけることもできません。「千里の道も一歩から」のことわざの通り、部下がビジネスの基本動作を身につけるまで、一歩ずつ着実に進んでいけるよう導いていきましょう。

テレワークでは人は育たない

新型コロナウイルス感染症の流行以降、テレワーク制度を導入する企業が増えました。従業員の育児・介護の支援、地方在住の人材採用、通勤が困難な障がい者の雇用創出など、企業と従業員の双方にとってメリットのある制度と言えましょう。

私の経営する会社でも、新型コロナウイルス感染症の蔓延防止と、社員の健康を守るために、一時的に全社員のテレワークを実施。その後、制度化しました。働き方の選択肢が増えたことで、とくに子育てや家族の介護が必要な社員の働きやすさが増したことは確かだと考えています。

このように、メリットばかりが強調されがちなテレワークですが、デメリットもあります。ここではとくに重要と思われる３点のデメリットを挙げていきます。

１つ目は、**「部下に対するタイムリーな指導ができない」**という点です。

先述の通り、人は自分の行動の問題点に気づくことはできないものです。正しいプロセスで作業を進めているか、ビジネスの基本動作に反した行動を取っていないか、チェックできるのは「上司の目」しかありません。

さらに言えば、気づいたその場で間違いを指摘し、直さなければ、問題行動はなくなりません。後から注意されても「なんで今さら言うのか？」と反発を生むだけです。

同じオフィスで働いていれば、常に部下の作業の様子を見ることができますので、問題に気づきやすく、その場で指導することも可能でしょう。ところがテレワークではそうはいきません。結果としてタイムリーな指導ができず、部下に「サボり癖」がついてしまったり、一人前のビジネスパーソンに育てることができなくなったりしてしまうのです。

2つ目は、**「テレワークではコミュニケーションの量と質が落ちてしまうこと」**です。

「目は口ほどにものを言う」とはよく言ったもので、「目」から伝わる情報は驚くほど多い。例えば、「パソコンのデスクトップがアイコンで埋まっているから、ミスが起こるのだ。今日中に整理しておきなさい」という注意を、直接顔を合わせて言われるのと、チャットで送られてくるのとでは、部下のとらえ方がまったく違ってきます。つまり、顔を合わせた時よりも、チャットの方が冷たく感じられてしまいます。したがって、チャットやメールだけで指導を済まそうとすると、リーダーが考えている以上に部下は萎縮してしまうものなのです。

それから、私の経営する会社の若手社員からテレワークについて、こんな意見もありました。

「上司の様子が分からないので、『今は忙しいだろう』と勝手に考えてしまい、相談することをためらいがちになっていました」

程度の差こそあれ、テレワークをしているすべての人が、同じ状況にあると考えて間違いありません。これでは上司と部下のコミュニケーション回数が減ってしまうのは当然です。業務にまつわる必要最低限の報連相しかできず、ちょっとした雑談すらできなくなるでしょう。

このようにテレワークではコミュニケーションの質と量が落ちてしまうため、部下との信頼関係を築きにくくなってしまうのです。

３つ目は、**「テレワークでは孤独を感じやすい」**という点です。

内閣府の行った調査によると、「テレワークで不便な点」として30％以上の人が「社内での気軽な相談・報告が困難」、「画面を通じた情報のみによるコミュニケーション不足やストレス」と答えています（２０２２年7月、内閣府『新型コロナウイルス感染症の影響下における生活意識・行動の変化に関する調査』より）。

実際に私のところにも、テレワークをしている社員から「孤独感がある」という意見が多く寄せられています。孤独感が強くなるほど、ストレスも大きくなりますから、体調に異変をきたす恐れが生じてしまいます。

新入社員のうちからテレワークをしている人の中には、同僚の顔すら知らないという人もいます。当然、気の置けない同僚などできるはずもなく、ちょっとした雑談で息抜きすることすらできませんから、なおさら深刻な問題と言えるでしょう。

これら3点のデメリットを考えると、社員教育上はテレワークをさせない方がよいと言えるのは明白です。

どんな仕事でもプロセスが正しければ、成果は必ず出ます。社員教育も同じです。「部下を一人前のビジネスパーソンにする」という成果を出すには、「問題点を気づいたその場で指摘し、正しいやり方を指導する」というプロセスを踏まねばなりません。はたしてテレワークでそれが可能でしょうか。私にはとてもそうは思えないのです。

私の経営する会社でテレワークを実施している最中に、社員にアンケートを実施したところ、こんな意見が多く見受けられました。

「通勤時間がなくなる、化粧の時間が短くなる、服装に気を遣わなくてよくなるなど、テレワークには確かに大きなメリットがあると思います。しかし、仕事とプライベートの空間が同じことで、その境界があいまいになり、家事などの私用につい手を出してしまうことがあります。このままテレワークを継続していると、自分をきっちり律することができず、怠惰になってしまうのではないかと不安です」

人は易きに流れてしまうものです。上司の目がなければ、サボり癖がついてしまうのは当たり前なのです。

現に、イーロン・マスク氏は、在宅勤務は生産性を低下させるうえに、その選択肢を持たない工場労働者らにとって不公平だと主張し、自身の経営するテスラ社とＴｗｉｔｔｅｒ社で全社員に対して出社するよう厳命したのは有名な話です。同様にＧｏｏｇｌｅ社やＡｐｐｌｅ社でもテレワークを縮小する動きがみられ、日本でも楽天グループや本田技研工業など多くの企業がテレワークから出社勤務に切り替えました。

テレワークだけでなく、働き方改革やワーク・ライフ・バランスといったものも同じです。メディアやＳＮＳの声に感化され、本来あるべき姿を見失ったら本末転倒です。リーダーであれば、何よりも会社の利益と部下の成長を優先しなくてはいけません。それらに悪影響をおよぼしかねないものについては、例え世間でもてはやされていても、注意深く検討できる冷静さを持つようにしましょう。

雑用はその場で、作業はその日のうちに、仕事は1週間で

説明するまでもありませんが、「納期を守る」のは、ビジネスにおいて基本中の基本です。しかし、「納期は必ず守りなさい」といくら部下に言い聞かせても、自分から納期を守れるようになる人などいません。なぜなら「納期を守る」のも、習慣のうちの一つであり、頭ではなく体で覚えさせなくてはならないからです。

そのためにも、リーダーは部下に対して、「雑用はその場で、作業はその日のうちに、仕事は1週間で」を徹底し、仕事を寝かさない習慣を身につけさせましょう。

- 雑用……その場でパッと片づけられる細々した仕事
- 作業……数時間内に終わる分量の仕事
- 仕事……数日かかる分量の仕事

具体的には以下のような仕事を指します。

▼雑用

Ｗｅｂ会議の予約、書類のコピー、郵便物の投函、資料の赤字修正、会議日程を参加予定者に連絡する、お客様や社内からの即答できる問合せへの対応　など

▼作業

作業日報の作成、その日に発生した経費の申請、簡単な資料や報告書の作成、1時間以内で調査が可能な問合せへの対応、簡単な受発注業務、次の会議のレジュメ作成と配布、簡単な他部門への依頼業務　など

▼仕事

Ｗｅｂページのデザイン制作、プレゼンのための資料作成、複雑な要件の受発注業務、キャンペーンの結果分析とレポート作成、トラブル後の原因調査と報告書の作成　など

「雑用はその場で、作業はその日のうちに、仕事は1週間で」の習慣を身につけさせるのも、他の「ビジネスの基本動作」と同じように、リーダーが部下の仕事を細かくチェックして、その場で指導することしか道がありません。

例えば雑用を命じたら、即座に取り掛かっているかチェックしてください。部下が雑用を

放置しているようなら、「その場で片づけないと忘れるよ」と注意し、取り掛かるまで見届けてください。

作業についても同じことが言えます。その日に部下が終わらせるべき作業を朝一番ですべて把握し、終業前にすべて終わらせているかチェックしてください。もし終わっていない作業があれば、必ず終わらせてから退社するように命じましょう。

仕事は帳票やシステムで把握します。それぞれの仕事について進捗を常にチェックし、1週間で終わらせるように段取りを組めているかを確認します。進捗が思わしくなければ、プロセスを見直さなくてはいけません。どんな仕事であれ1週間以上かけてもクオリティは上がらないものです。そのことを肝に銘じて、細かくＰＤＣＡを回しましょう。

それから、「雑用はその場で、作業はその日のうちに、仕事は1週間で」を徹底させるうえで注意しておかねばならないのは、**部下の能力と抱えている仕事を見極めたうえで、割り振る作業量を判断しなくてはならない**ということです。

言うまでもありませんが、リーダー自身が1日に終わらせることのできない仕事を「作業」として命じてはいけません。またリーダーが1日で終わらせることのできる作業だからといって、まだ一人前ではない若手社員に「作業」として命じるのも酷です。

例えば、１日に広告バナーを５本作成できるデザイナーに対し、「今日中に10本作りなさい」と命じたとします。命じられた相手はどんな風に感じるでしょうか。

「頑張って挑戦しよう！」と前向きにとらえられる人間などほぼいません。たいていの人は「無茶を押し付けられたなぁ」とか「今日も夜遅くまで残業だなぁ」と、気を重くするものです。そんなことが何度か続けば、仕事が嫌になってしまうのは目に見えています。そのような心境では質も量も上がりません。

命じてよいのは「部下の能力の１２０％まで」です。つまり先の例で言えば、「６本のバナー制作まで」と覚えておきましょう。なぜなら、自分の能力の１２０％程度であれば「少し多いけどチャレンジしてみよう！」と前向きに取り組めるものだからです。

このようにリーダーは「自部門の仕事すべて」と「部下の能力」を正しく把握したうえで、適正な量の仕事を部下に命じ、その進捗を細かくチェックするよう、心がけなくてはいけません。

そんな面倒なことをするくらいなら自分でやってしまった方が早いのではないか、と考える人もいるでしょう。しかし、それではいつまでたっても部下は育ちません。**リーダーが仕事を自分でやり過ぎてしまう傾向にある部門は、成果が頭打ちになってしまう**ことを忘れないでください。

最初のうちは多少時間がかかっても仕方ありません。あなた自身がもどかしさを感じることも少なくないでしょう。しかし、「雑用はその場で、作業はその日のうちに、仕事は1週間で」の習慣を身につけさせるためには、雑用、作業、仕事のいずれも量をこなさせなければいけません。そして、その習慣を部下が身につけることができれば、あなたの部門はより多くの仕事をこなすことができるようになり、自然と成果があがるようになるのです。

一人前になるには同じ作業を１万回

「愚直に一つのことをやり抜く」のは才能です。しかし残念ながら、その才能を持ち合わせている人は実に少ないものです。たいていの人は新しいことに挑戦した際に、ちょっとやって結果が出なければすぐやめてしまうのが実情でしょう。つまり、何事もできるようになるまでやり抜くことができないのです。

しかし少なくとも同じことを１万回はやらないとその道の達人にはなれないし、安定して結果を出し続けることもできません。ですから私は社員たちに対し、**「一人前になるには、同じ作業を少なくとも１万回は繰り返さなくてはいけない」**と常々言い聞かせています。

「努力は嘘をつかない」の項でも言いましたが、毎日同じことを、飽きずに繰り返し続けることは、誰にでもできることではありません。あなた自身を振り返ってみてください。一つのビジネススキルを鍛えるのに、何年もかけて毎日欠かさずに行っている努力はありますか？

野球のイチロー選手の例を挙げましょう。説明するまでもない伝説的な元メジャーリーガーです。そんな彼が「これまでに、これだけは絶対誰にも負けていないと胸を張って言える努力って何?」と質問された時、こう答えたそうです。

「高校の時に寮に入っていた3年間、僕は寝る前の10分間素振りをしていました。そしてそれを1年365日、3年間欠かさず続けました。それが僕の誰にも負けないと思える努力です」(致知出版社公式サイト「イチローに学ぶ、夢を実現する『一流の努力』」より引用)

人間誰しも調子が良い時もあれば、悪い時もあります。風邪を引いて立つのもしんどい時もあったでしょう。大事な試合に負けた日など「何もかも忘れて寝てしまいたい」という思いに駆られた夜もあったと思います。それでも彼は20歳にも満たないうちから毎日ひたむきに努力を続けたのです。

プロ野球選手になってからは、さらなる努力を続けたのは考えるまでもありません。その努力の継続が、日米通算4367本安打など輝かしい記録を打ち立てる大打者へとイチローを導いたのです。

また彼は別のドキュメンタリー番組のインタビューでこんなことを言っていました。

「続けてきたことを放棄したくなる精神状態の時もありました。しかしそれを放棄してしまうと、僕を支えてきた僕が崩壊してしまう気がしたのです。だから努力だけは続けてきました」

　あのイチローですら「続けてきたことを放棄したくなる精神状態の時もあった」のですから、普通の人が同じ心持ちにならないわけがありません。イチローの場合は、高校生の頃から努力を続けることが習慣化していたため、「それを放棄してしまうと、僕を支えてきた僕が崩壊してしまう気がした」と自分を奮い立たせることができたのでしょう。

　しかし、努力を続ける習慣を身につけていない人の場合は、何かあればすぐに放棄しがちです。そんな時に背中を押してあげるのが、リーダーの役目なのです。

「一人前になるには同じ作業を１万回繰り返しなさい」と口で言うのは簡単です。誰にだってできます。しかし、それを部下に放棄させないためには、リーダー自身の強い覚悟と、ひたむきな努力が不可欠です。

　すなわち、部下の様子に常に目を光らせ、心が折れそうな時は励まし、努力の仕方が間違っている時は即座に正し、彼らに伴走しながら高みを目指していかねばならないのです。

それが人を育てるということです。

上から一方的に物を言うだけの人間、部下の成長を他人事《ひとごと》にとらえ放置する人間、部下の成長を諦めてしまう人間――そのような人間はリーダーとは言えません。

今やっていることは今日明日の結果にはならないかもしれない。でも2年後3年後の結果には必ず結びつく――そのような強い信念を、まずはあなた自身が持ち、1万回が1日でも早く達成できるように部下を導いていきましょう。

専門知識は１年以内、業界知識は３年以内に

専門知識や業界知識は、どのような仕事であっても不可欠です。しかし、専門知識や業界知識の身につけ方については、あまり深く考えず、本人任せにしてしまっているリーダーが多いのが現状ではないかと思います。

私の経営する会社でも、「いかにして若手社員に知識を身につけさせるか」という課題は常について回ります。なぜならWｅｂ業界では、トレンドの移り変わりが激しく、新しい技術が次から次へと生まれるからです。１日でも早く基本的な知識を身につけなければ、追いつけなくなってしまいます。以前は、専門書を読ませて内容の理解度をチェックするテストを実施したこともありましたが、目立った効果は得られませんでした。そこで今では座学による知識研修を禁じています。

言うまでもありませんが、ただ単に「専門知識と業界知識を自分で勉強しなさい」と命じ

ても意味はありません。ではどのようにして知識を身につけさせればいいのでしょうか？

それは**「頻度よく触れさせること」**の一点に尽きます。

語学を例にすれば分かりやすいでしょう。例えば、あなたは日本語をどのように身につけましたか？

名詞、動詞、形容詞、助詞、助動詞などの文法の勉強からはじめた人など、誰もいません。家族から話しかけられることで、自然と言葉を理解し、自分も使えるようになっていったはずです。

日本語以外の言語も同じです。先述の通り、いくら学校の授業で英語を勉強したからといってしゃべれるようにはなりません。一方で、アメリカやイギリスに半年も留学すれば、特別な勉強をしなくても日常会話くらいならできるようになるでしょう。

ビジネスにおける専門知識、業界知識もまったく同じことが言えます。すなわち、**日々の業務の中で触れさせていれば自然と身につく**、ということです。

和食の世界を例に挙げましょう。板前の修行は「追い回し」と呼ばれる見習いからはじまります。文字通り、先輩に追い回されるようにして、食器洗い、掃除、食材の下処理などの膨大な量の雑用をこなしていきます。「追い回し」は食事すらまともに取れないほど忙しい、というのは昔からよく聞く話です。これらの雑用を通じて、仕事全体の流れ、衛生上の注意点、料理人としての基本的な心構え、料理の盛り付け、調理器具の使い方など、板前としての基礎知識を身につけていくのです。

Ｗｅｂ制作で言えば、リーダーから命じられた雑用や作業を通じて、要件定義書、仕様書、作業依頼書、作業手順書など、制作業務に必要な帳票類に何度も触れているうちに、徐々にそれらに書かれている内容が理解できるようになり、結果としてＷｅｂ制作に関する基本的な知識が身につきます。

このように、**部下に専門知識や業界知識を身につけさせるためには、リーダーが様々な雑用や作業を、次から次へと割り振るよう心がけることが重要です。**

入社３年目までがもっとも吸収力の高い時期です。目で見たことや手で触れたものなど、ありとあらゆることが、彼らの血となり肉となるのです。だから決して暇にさせてはいけません。「目が回る」と思えるくらいに雑用や作業に追われるのがちょうどいいと思います。時々「若い社員たちの知識が足りない」と嘆く管理職者を目にしますが、それでは「私は部下に仕事をさせていません」と自分から言っているのと同じです。つまり管理職者の怠慢に過ぎないわけです。

部下が専門知識を１年以内に、業界知識を３年以内に身につけられるか否かは、すべてリーダーの心がけ次第なのだ、と心得るようにしましょう。

第3章

部下のミスは自分のミス

部下の失敗やミスは叱るな。素直に報告してきたことを感謝せよ

どんなに優秀な人でも失敗やミスをします。大事なのはミスをおかした直後に上司へ報告することです。しかし、そうしなくてはいけないと頭では理解していながらも、ミスを隠ぺいする人は少なくありません。そのような人は、自分自身で解決し、ミス自体をなかったものにしようとします。しかし、往々にして解決には至らず、むしろ問題が大きくなってから発覚するケースがほとんどです。そうなれば損失は大きく、下手をすれば顧客を失ったり、会社の信用問題に発展しかねません。

ここで一つ、知っておいてほしいのは、誰でも「会社に迷惑をかけたくない」と願っているのは同じだということです。つまり、悪気があってミスを隠ぺいしているわけではないのです。ではなぜ失敗やミスを隠ぺいしてしまうのでしょうか？

それはミスを上司に報告した際に、「怒られるのではないか？」とか「何らかの処罰を受けるのではないか？」と恐れているからです。

人間誰でも自分が可愛いものです。ですから自分の不利益になることは絶対にしません。ミスの報告が、「自分の評価が下がる」という不利益につながると考えれば、そのミスを隠そうとするのは人間の本能なのです。

そして、そのような事態を招いている要因は、「上司の態度」より他はありません。端的に言えば、**リーダーが失敗やミスを許さない風潮を作っている**からです。例えば次に当てはまるようなことをしていませんか？

- 失敗やミスを叱る、非難する
- 「二度と同じミスをするな」と言っている
- 「なぜ同じミスを何度も繰り返すのか」と問い詰める
- 「絶対にミスをするな」と、事あるごとに言い聞かせている

一つでも当てはまる人は、自らの手で部下の隠ぺい体質を助長していると自覚してください。つまり、**部下がミスを隠ぺいするのはリーダーの責任だ**ということです。決して本人の気質の問題ではありません。

では、部下がミスをおかした直後に報告する習慣を身につけるには、どのようにすればよ

いのでしょうか？

先ほど、「人間は自分の不利益になることはしない」と言いました。

裏を返せば、人間は自分の利益になることは率先して行います。すなわち、**ミスの報告を「自分の利益」に感じさせればよい**、ということです。

そもそも、失敗やミスは「結果」であることを忘れてはいけません。「結果」には必ず「プロセス」が伴います。ということは、失敗やミスという「結果」を導いてしまった「プロセス」に欠陥があるということになります。会社の定めた作業手順に問題があるかもしれませんし、部下が正しい作業手順を踏めていなかったからかもしれません。いずれにしても、部下がミスをおかしたことで何らかの欠陥を発見できたわけですから、感謝こそすれ非難できる理由など一つもないのです。

ですから、**部下がミスを素直に報告してきたことを心から感謝するようにしましょう。**

報告を聞いている間は穏やかな表情を心がけ、最後に「報告してくれてありがとう。おかげで問題が大きくなる前に対処できそうだ」と締めくくります。

相手から感謝されて悪い気を起こす人はいません。「ミスを報告したら上司に感謝される」と思えば、何も言わなくても自分から報告するようになるはずです。

失敗やミスのみならず、部下が報連相しやすい環境を作ることは、リーダーの責務です。

どんな報告も寛大な心で受け入れ、報告してくれたことを感謝する——そんなリーダーの姿勢を見て、部下は安心感を覚え、厚い信頼を寄せるようになるのです。

部下のミスは自分のミス

部下のミスで生じた問題に対し、あなたはどのように対処していますか？

近頃は、「若手社員のうちから問題解決力を身につけさせることが大切だ」という論調がありますから、「自分で考えて行動しなさい」と、部下に対処を丸投げしているリーダーもいるでしょう。そこまで極端でなくても、必要最低限の助言だけを行った後は部下に一任している人が多いのではないでしょうか。

しかし、それではあまりに無責任としか言いようがありません。なぜなら**リーダーは「部下のミスは自分のミスだ」という自覚を持って、主体的に対処しなくてはいけないと**、私は考えているからです。

先ほども言いましたが、ミスした本人が対処すると、問題はより大きくなりがちです。問題が大きくなってからでは、仮にリーダーが対処したとしても、お客様と会社に何らかの損失が生じるのは避けられません。お客様にしてみれば「最初からあなたが対応してくれればよかったのに」と、かえって不信感を募らせることになります。また、早期にミスを報告した部下の気持ちをないがしろにすることにもなり、ミスを隠ぺいするきっかけになるのは目に見えています。

忘れないでほしいのは、**どんなに小さなミスでも初動が大事**ということです。

火事に例えれば分かりやすいでしょう。「小火《ぼや》」であっても、すぐに消防に通報し、消防の指示に従って適切に対処すれば、大事に至らずに済む可能性が高くなります。しかし、「この程度の火なら自分で消せる」と考えて、安易に消火活動をすれば、かえって火災が大きくなる恐れがあります。

したがってミスが発覚した直後から、業務に精通した人が客観的に状況を把握し、的確かつ迅速に判断を下さねばなりません。それができるのは、リーダーしかいないのです。

部下は上司が問題を解決する様子を見て、現物で状況把握することの大切さ、お客様への対応方法、社内の関係各所との調整など、様々なことを学んでいきます。それを何度も繰り返すうちに、「正しい問題解決の方法」を体で覚え、自分が部下を持った際に適切な対処ができるようになっていくのです。

したがって、**リーダーが部下のミスを自分のミスととらえ、主体的に問題解決にあたることは、お客様と会社の損失を最小限にとどめるだけではなく、部下の育成にもつながると考**

えて間違いありません。

それから、問題を解決したからといって、それで終わりにしてはいけません。ミスをなくすための改善を、リーダーが率先して行う必要があります。

その際に、ミスをした本人に対して「同じミスを二度とするな」と言いつけるだけで済ませてはいけません。先にも述べた通り、そんなことをしてもミスは減らないうえに、部下を萎縮させ、報告しづらい雰囲気を作るだけです。

「この業務での部門全体のミスを減らすためにプロセスを改善したいから、今回のミスが起きた作業を再現してくれるかな？」と言い、その場で作業手順をチェックします。ミスをおかした箇所について、標準的な作業手順が定められていなければ、新たに定めなくてはいけません。標準的な作業手順に誤りがある、または、手順が分かりづらい場合は、作業手順書を修正しましょう。

一方で、部下の作業方法に問題があるケースもあります。そのような時は、リーダー自ら部下の目の前で、作業手順書を確認しながら作業をやってみせてください。作業手順書の通りに作業を進めれば問題ないことを実践で示すのです。

そして、同様の業務を指示した際に、現場で部下の様子をチェックします。もし作業手順書を開いていないようなら、即座に「手順書を見ながら作業しなさい」と指導するようにしましょう。それを何度も繰り返すことが大切です。

部下とはいえ、他人であることに変わりありません。他人のミスによって、お客様への謝罪や関係各所の調整が必要になれば、誰でも気が重くなるのは当然です。それでも、一流のリーダーほど部下のミスを歓迎します。なぜなら作業手順の改善や部下の成長のきっかけになるのを、よく知っているからです。部下のミスに苛立ちを覚えたり、面倒に感じたりする人は、目先の大変さばかりに気を取られる、視野の狭い人だと言わざるを得ません。

部下がミスや失敗をおかした時の態度と行動に、リーダーとしての器量が出る――そのことをよく肝に銘じて、部下のミスへ能動的に対処するようにしましょう。

自分ができない仕事を部下に押し付けるな

水曜日の夜。ベテラン社員のDさんに上司からこんなメールがきました。

「○○のサービスについて、当社の競合会社がホームページでどのように掲載しているか調査しなさい。リポートは木曜日中に提出すること」

Dさんが普段行っている業務とはまったく接点のない仕事です。彼は大いに戸惑いました。しかも、木曜と金曜は両日とも、その他の業務で予定はぎっしりと埋まっています。はたして何時間くらい必要な作業なのか、どのようなレベルの資料が求められているのか——何もかもが分かりません。そこでDさんは上司にたずねました。

「どのような成果物を提出すればよいのか、明確にしていただけますでしょうか？」

　すると上司はこう答えたそうです。

「私も分からないから君に任せたのだ。君くらいのベテラン社員なら、それくらいのことは自分で考えてもらわないと困るんだよ」

　いわゆる「業務の丸投げ」です。部下にしてみれば、「無茶ぶり」以外の何ものでもありません。そして、リーダー自身が自部門に振られた業務をしっかりと吟味できていないため、作業量が分からず、会社やお客様から言われるがまま、無理な納期を部下に押し付けます。部下から不満が出れば「あなたのレベルならできると思っている」とか「これはあなたにとって成長のチャンスだ」と、取って付けたような言い訳でやり過ごすでしょう。これでは部下からの信頼が得られなくて当然です。

　上司からの「無茶ぶり」を何度もこなしていくうちに、自然と対応できる仕事の幅が広がっていった。だから自分の部下にも同じようなチャレンジをさせたい――そのように考えているリーダーは多いと思います。しかし、**「無茶ぶり」で成長する社員など、ほんの一握りです。むしろ潰れてしまうリスクの方が圧倒的に大きいのが実情です。**どんなことにも言えますが、あなたができたことを他人も同じようにできると思ったら大間違いです。

さらに、リーダーが部下に「無茶ぶり」をすれば「自分もそうしていいのだ」と思われても仕方ありません。つまり、**あなたが「無茶ぶり」を繰り返すことで、会社の文化として「無茶ぶり」が定着してしまう**のです。そのような会社に明るい未来があると思いますか？

自分ができない、または、よく吟味していない、ということは、リーダー自身がその仕事のあるべき成果物の姿、つまり「成果物の正解」を理解していないことを意味します。そんな状況で、どのようにして作業のプロセスをチェックし、成果物を評価するのでしょうか。

リーダーは自部門の成果物のクオリティに責任を持たねばなりません。

自分ができない仕事を部下に押し付けるということは、「成果物のクオリティに責任を持ちません」と言っているのと同じです。さらに、部下の状況を鑑みずに仕事を割り振れば、部下のやる気と体力が削がれ、成果物のクオリティ低下の要因となります。したがって、**自部門で引き受ける仕事は、リーダー自身が対応できることが大前提となります。**

部下の成長を期待して、能力以上の仕事にチャレンジさせることを否定はしません。とくにベテラン社員に対しては大いにチャレンジさせるべきでしょう。

ただし、仮にチャレンジさせる仕事であっても、リーダー自身が「成果物の正解」と「作業のプロセス」を明確にしておく必要があります。よく吟味もせずに、「とりあえずやってみなさい」と仕事を振るのは、単なる責任放棄でしかないのです。

部下優先、自分後回し

部下の都合と自分のメンツ――あなたはどちらを優先していますか？

そう聞かれれば「自分のメンツ」と答える人はまずいないでしょう。しかし現実はどうでしょうか。

先に挙げたDさんについて、彼の上司との会話の続きを見てみましょう。

未知の仕事を1日で終わらせるよう指示されたDさんは、予定についてたずねました。

「今週は別の作業で予定が埋まっているのはご存じだと思います。さらに今回の仕事がどれくらいの作業量になるのか、今の時点では判断ができません。ですから、せめて3日の猶予をいただけませんでしょうか？」

この問いに対する上司の回答は次のようなものだったそうです。

「残業してやればいいだろ。私だって急に上から『月曜の会議で使いたい』と言われているんだ。とにかくやりなさい。そもそも木曜と金曜に予定していた作業を月曜や火曜に残業してやっておけばよかったじゃないか」

取り付く島もないとは、まさしくこのことでしょう。結局Dさんは始業の1時間以上前に出社。他の業務をすべて後回しにして依頼された仕事を期日内に終えました。

- 目上の人から、「次の会議で使いたい」と言われたから
- 納期交渉もせず、お客様から、「来月いっぱいに納品してほしい」と言われたから
- お客様から納期は切られていないが、「仕事ができる会社」と思われたいから
- 目上の人に「明日までにできます」と言ってしまったから

これらのような理由で、部下の都合を深く考えずに、無茶な納期で仕事を割り振っているリーダーがいます。「仕事が終わらなければ残業させればいい」とか「他の仕事を後回しにさせればいい」と考え、自分のメンツを優先しているわけです。

そういう傾向にある人ほど、「自分も同じようなことをされて育ったのだから、部下も対応して当たり前」という考えを持っており、部下の苦労を理解しようとしません。

リーダーがそのような人間だと、部下はいつも振り回されることになります。自然とミスが増え、成果物のクオリティも上がらないでしょう。心身ともにすり減らし、ついには退職に至ってしまう恐れすらあります。

そのようなことにならないためにも、**自分の都合よりも部下の状況を優先しなくてはいけません。**

具体的に言えば、お客様や目上の人からの仕事の依頼に対して、納期を決める前に、「本当にその納期で対応できるのか」を、部下の能力や抱えている業務量を鑑みながら検討する必要があります。

作業の難易度が低かったり、作業量が少なければ、その場で決められます。しかし、難易度が高い、または、未知の仕事で難易度や作業量の判断がつかない時は、その場で納期を決めず、一度持ち帰ってから検討するのがよいでしょう。

自部門で対応できると判断した仕事については、作業に分解し、さらに動作レベルまで落とし込みます。そうすれば自然と作業量が明確になるはずです。その作業量を決められた納期で終わらせるには、何人の作業者が必要なのか、人数を確保できるのか——部下一人ひとりの業務状況をチェックしながら検討します。

言うまでもありませんが、部下が残業することを前提とした計画を立ててはいけません。

部下の能力に応じて、業務時間内で終わらせるよう計画を練るべきです。なぜなら緊急かつ重要な業務が発生した際の対応力が低くなってしまうだけでなく、部下の心身を害するリスクもあるからです。さらに、部下の残業代は会社にとっては経費であることも忘れてはいけません。

そこまで細かく検討したうえで、決められた納期に間に合いそうにない時は、依頼者に交渉するべきでしょう。

もちろん依頼者側の都合もあります。一方的に納期を切られてしまうことも少なくありません。だからといって、部下の都合を軽視していい理由にはなりません。**あなたの部下を守るのは、他の誰でもなく、あなたしかいないのです。**あなたが依頼者に「いい顔」をしたいがために、部下の都合を後回しにするなど、あってはならないことです。したがって、**たとえお客様であっても無理を言われたら、毅然とした態度で断るか、代替案を出さねばならない**ことを、よく覚えておきましょう。

どんなことでも同じですが、**「自分にとって何が一番大切か」**を、**決して見失ってはいけません。**

リーダーが一番大切にしなくてはいけないのは自分の部下です。自分の部下が１００％のパフォーマンスを発揮することで、質の高い成果物が生まれ、お客様が満足し、結果として会社に利益がもたらされるのです。

そうは言っても、現実ではお客様や会社の都合が「絶対」のシーンも少なからずあります。例えば、お客様の決算月の末日が納期の場合、いかなる理由があっても納期はずらせません。部下を残業させて対応せざるを得ないケースもあるでしょう。

そのような時は、率先して自分が一番苦労することです。現場に出て、部下に交じって同じ作業に没頭するのです。決して高みの見物をしてはいけません。自分の仕事はそれこそ後回しです。リーダーが誰よりも汗をかいている姿を見て、部下は「自分も頑張ろう！」と腹をくくれるのです。

その他にも、次のようなことを無意識のうちに行っていないか、わが身を振り返ってみてください。

- 部下が報告や相談をしようとした時に「今忙しいから」と言って、自分の仕事を優先し部下を待たせる。さらに待たせていたことを忘れ、部下を放置する
- 部下の成果物に対し「定時後にチェックするから。チェックが終わるまで帰らないで」と

言って、その日の作業を終えた部下に残業を強いる

・部下が「この資料を◯月◯日までに確認してください」と前もって伝えていたにもかかわらず、事前の連絡もせず、期限になっても確認しない。部下からつつかれて、ようやく確認する

このようなリーダーの姿勢に対し、部下はどのように感じるでしょうか。少なくとも、尊敬できないのは明らかでしょう。

部下は上司を見て育ちます。あなたの姿勢が、部下の未来を、ひいては会社の未来を決める、と言っても過言ではありません。その自覚を持って、常に部下のことを優先できるリーダーを目指しましょう。

部下に迎合するな

前項で「部下の都合を優先し、自分のことは後回しにしなさい」と言いました。ただし、それは「部下の言いなりになること」とは、まったく違います。

中には「部下に嫌われたくないから」という理由で、部下の言うことを聞きすぎてしまったり、顔色をうかがったりする人もいます。しかし、それでは単なる「甘やかし」に過ぎません。甘やかされた部下は上司に対し、表面上は良好な関係を繕《つくろ》っていても、内心では軽く見るようになります。いわゆる「馴れ合い」と呼ばれる環境を作ってしまうことになるのです。

「馴れ合い」の職場では次のような部下が多くなります。

- 命じた雑用をその場で片づけようとしない
- 上司が業務の怠慢を指摘しても、笑ってごまかす
- 始業開始時刻ぎりぎりで出社する

- 仕事とは関係のない会話が業務時間中に飛び交う
- 休憩時間でもないのに、一服するために自席を離れる
- ビジネスにふさわしくない服装や髪型をする
- 周囲が残業しているからといって、ダラダラと遅くまで残業する

また、リーダー自身の仕事にも悪い影響をおよぼします。

- 部下からの報告を聞きすぎてしまい、判断を誤る
- 部下の怠慢を発見しても叱れない
- 部下に指導やしつけができない
- 部下が忙しそうにしているのを見ると、雑用を命じることができない
- 難しい仕事は自分で抱え、部下には簡単な仕事ばかりを割り振る

確かに職場の雰囲気が良いに越したことはありません。しかし、**リーダーによる指導としつけによって適度な緊張感を加えなければ、しまりのない堕落した部門になってしまいます。**そのような部門では、部下が育たず、いつまでたっても成果があがらなくなってしまうのです。

2022年に「労働施策総合推進法」、俗に言う「パワハラ防止法」が中小企業にも適用され、パワハラに対する世間の目はさらに厳しくなっています。さらに、ちょっとでも気にくわないことがあると、「炎上」を狙って、SNSや転職サイトの口コミに晒すような人もいます。そのため、部下への接し方にナーバスになっているリーダーも多いことでしょう。

しかし、はっきり言っておきます。**部下に対して、毅然とした態度で指導やしつけのできない人間はリーダーとして失格です。**

リーダーは部下の誰よりも、業務に精通し、お客様と会社のことを理解し、ビジネスの基本動作を身につけている人間なのです。その自覚を持って、部下を厳しく監督しなくてはいけません。すなわち、部下の行動に対し、あなたが「おかしい」と思ったら、その場で「おかしいぞ」とはっきり言い、逆に、クオリティの高い仕事をした時は「素晴らしい」と、素直に褒めるよう心がけましょう。

さらに、部下の意見がたとえ真っ当なものであっても、「会社の利益になるのか」や「リスクはないか」などを客観的かつ冷静に見極める必要があります。

とくに若い社員はメディアなどに感化され、「理想論」で物事を語りがちです。冒頭でも話した通り、ビジネスにおいては「理想論」ばかりで事を進めると、必ず失敗します。したがって、リーダーは「現実」に照らし合わせて、その意見を取り入れるか否かを判断しなければなりません。そして、意見を却下する場合は、その理由をしっかりと部下に言い聞かせる必要があります。そうすることで部下はビジネスの「現実」を覚えていくのです。

「他人とぶつかりたくない」とか「全員から好かれたい」と考えている人は、裏を返せば、他人とのぶつかり合いや、他人から嫌われるのを怖がっているだけです。つまり、自分で自分を甘やかしているわけです。そんなリーダーの下では、いくら才能豊かな人であっても、真っ当に育ちません。

だからと言って、部下がなかなか仕事を覚えない時や、ミスや失敗をおかした時に、感情的に叱りつけるのは愚の骨頂《こっちょう》であることは、先に述べました。部下を叱っていいのは嘘をついた時と、業務を怠慢した時だけです。

ですから、部下に指導する時は、穏やかな表情と淡々とした口調で、言うべきことを端的に言うように心がけましょう。リーダーが適切な指導をすれば、自然と職場の空気が引き締まり、部下は業務に集中するようになるものです。

「部下と仲の良い上司」になる必要などありません。

「部下から尊敬される上司」を目指してください。

「部下から尊敬される上司」とは、自分の都合よりも部下を優先し、部下を正しい方向に導

き、**部門の成果をあげ続けられる人**のことです。そのためにも、部下の成長と会社の利益を常に考え、部下の言動がそれらに反すれば、堂々とした態度で指導する習慣を身につけましょう。

人を見た目で判断するな

「ハロー効果」という言葉を聞いたことがあるでしょうか？

心理学の専門用語で、「人や成果物を評価する際に、見た目やその他の際立った特徴に引きずられ、全体の評価が歪められてしまう現象のこと」を言います。

営業・販売では、「第一印象」を良くすることで、ハロー効果を狙い、その後の提案を優位に進めようとするのは常套手段《じょうとうしゅだん》です。

注意しなくてはいけないのは、部下に対するリーダーの評価においても「ハロー効果」があらわれてしまうことがあるということです。例えば、次に当てはまる部下を、無意識のうちに高く評価してしまっていないでしょうか？

- 外見が良い人
- 自分と仲の良い人
- いつでも自分に従順で、持ち上げてくれる人言うまでもありませんが、ビジネスパーソンとして「見た目」と「コミュニケーション能力」に磨きをかけることは、どんな職種であっても求められるのは確かです。しかし、部下の評価は、それらがすべてではありません。むしろ一側面に過ぎないことを、リーダーはしっかりと理解し、正しい評価を心がけるべきです。そうしなければ、部下の目には「えこひいき」と映ってしまい、彼らの意欲を削ぐことにつながってしまいます。

また、人間誰でも「目上の人に評価してほしい」という願望を持っていますから、あなたが「えこひいき」をすれば、部下があなたに気に入られようと努力するのは当然のことです。すなわち、もしあなたの考え方が間違っていても、意見を言わず、むしろ持ち上げるようになるでしょう。

そうなれば、周囲が「腰巾着」や「太鼓持ち」ばかりになって、あなたの気分は良くなるかもしれません。しかし、優秀な人ほどあなたの元から離れていき、部門の成績は良くなるどころか悪くなる一方なのは明らかです。

では、どのように部下を評価すればよいのでしょうか？

それは「作業のプロセス」と「成果物」で評価することです。部下の正しい評価方法については後の項目で詳しく説明しますが、ここで覚えておいてほしいのは、「見た目」や「コミュニケーション能力」に引きずられないよう心がけなければいけない、ということです。

「人々、依怙《えこ》はつかまつるまじきことに候、贔屓《ひいき》はこれあるべし」

265年続いた江戸幕府を開いた徳川家康の言葉です。その意味は「（家臣を持つ大名である）あなた方は、『えこひいき』をしてはいけない。ただし『ひいき』は大いにすべきである」となります。ここで言う「ひいき」とは「高く評価すること」と考えるとよいでしょう。

常に公平さを心がけ、部下が良い仕事をしたら、大いに褒め、高い評価をつける――そうすることで、部下は上司の顔色をうかがうことなく、目の前の業務に集中し、最高のパフォーマンスを発揮できるようになるのです。

部下に成果を求めるな

一般家庭にパソコンが普及しはじめた1990年代後半。アメリカのシリコンバレーではGoogleやAppleなど様々なIT企業が急成長し、世界中から注目の的になっていました。そのシリコンバレーで主流になっていたのが成果主義です。

同じ時期にバブルが崩壊し、苦境にあえいでいた日本企業は、シリコンバレーで成功したIT企業にならい、こぞって成果主義を導入しました。ところが多くは失敗に終わり、かえって自分たちを窮地に追い込む結果となります。その代表的な例を挙げておきましょう。

▼富士通

1993年に、社員のモチベーションを引き出し、競争力を高めることを目的に、年功序列を全廃し、成果主義を導入。ところが、失敗することがマイナス評価につながるため、社員のチャレンジ精神が失われ、ヒットする新商品が生まれなくなる。また、顧客のアフターサービスなど、数字にあらわれない業務をおろそかにする慣習が社内に浸透し、クレームが後を絶たず、顧客が離れていくことになった。結果的に大きく業績を落としてしまい、成果主義を撤廃した。

▼日本マクドナルド

社員同士の競争意識を高め、若手社員の実力を伸ばすことを目的として、２００６年に成果主義を導入し、定年制を廃止した。しかし、多くのベテラン社員が自分の成果だけを追求し、若手社員の育成を放棄するようになったため、思惑とは裏腹に人材がまったく育たなくなってしまった。わずか６年後の２０１２年に定年制を復活させた。

この他にも、資生堂、三井物産、小林製薬など、名だたる大企業が、２０００年～２０１０年の間に成果主義に見切りをつけ、これまでの評価制度に戻しています。

日本では、学校教育がビジネスに直結しておらず、新入社員は入社後に先輩社員の指導を受けながら業務に必要なスキルを身につけ、社内でキャリアアップしていくことになります。いわゆる「メンバーシップ雇用」と呼ばれるものです。

「メンバーシップ雇用」を導入している会社が成果だけで人を評価するようになると、先輩社員にしてみれば、若手社員を教育することは、自分で自分のライバルを育てることを意味します。

自分の首を絞めるようなものですから、積極的にやろうとする人などまずいません。したがって、社員教育に重点を置く日本の企業には合わないわけです。

また、近年ではＧｏｏｇｌｅ、マイクロソフト、アクセンチュア、ＧＡＰといったアメリカの大企業でも成果主義を排し、人物評価に切り替えています。成果だけを社員に求めるような経営では、会社を強くできないのが現実なのです。

今話したような現実を知らず、部下に対して成果を強く求めるリーダーは、残念ながら少なくありません。なぜなら、世間一般で「成果主義は、頑張った分だけ給料が上がるのだから、部下のモチベーションアップにつながるはずだ」という論調が未だに根強く存在しているからです。

しかし、はっきり言いますが、**成果主義で部下のモチベーションがアップすることは絶対にありません**。むしろ仕事に対する意欲を下げ、心と体を壊し、挙句《あげく》の果《は》てには平気な顔して悪事を働くような人間に仕立て上げるだけです。とくに、人としても、ビジネスパーソンとしても未熟な若手社員に成果を強く求めすぎてしまうと、次のような不正に走るようになります。

- 詐欺まがいの手法でお客様をだまして契約を取る

・嘘の報告をする
・自腹で商品を買うなどして、売上を水増しする
・同僚の顧客情報を競合に横流しするなど、同僚を蹴落とすための行為をする

このような事態を避けるためにも、リーダーは部下に成果を強く求めてはいけません。**リーダーが部下に求めるべきことは、会社から決められたプロセスで業務を遂行すること**です。なぜなら、**真面目にコツコツと、正しいプロセスを遂行し続けていれば、必ず成果が出る**からです。ですから、リーダーから指示された通りに業務を遂行しているにもかかわらず、部下が成果を出せないのは、プロセスを管理しているリーダーの責任以外の何ものでもありません。部下に「なんで成果が出ないのか」と問い詰めるのはお門違いです。

では、部下が思い通りに成果をあげてこない場合は、どのようにすればよいのでしょうか？

例えば、営業部門で、テレアポによる商談件数が伸び悩んでいる部下がいたとしましょう。まずは、トークスクリプトや架電のペースなど、会社で決められたプロセス通りに遂行できているかをチェックします。

もし、部下の業務の仕方に何らかの問題があれば、その場で指摘したうえで、実際にあな

たがやってみせてください。そして、会社で定めた通りにできるまで、何度もやってみせ、やらせてみてを繰り返すことが大切です。

それでも成果があがらない場合は、プロセスを改善するべきでしょう。すなわち、トークスクリプトの変更や架電ターゲットなどの見直しが必要だと言えます。

このように、部下の指導とプロセスの改善を地道に繰り返していくことで、徐々に成果があがるよう部下を導いていくのです。

営業成績、目標達成度、事故件数、労働時間――数字で人を判断することは非常に簡単です。しかし、数字だけでは、部下の真の姿を見抜くことはできません。部下の真の姿が分からない状態で、どのように指導するつもりなのでしょうか。

逆に、部下が正しいプロセスで業務を進めているかをチェックするのは、大変な手間がかかります。ですが、部下の能力や仕事に対する姿勢を明確に把握できるようになり、最適な指導が可能となるのです。

成果は部下が一人であげるものではなく、リーダーと二人三脚であげるものだということを忘れずに、根気強く指導と改善を繰り返すようにしましょう。

一人前で満足させるな

真面目にコツコツと続けてさえいれば、数年のうちに「一人前レベル」にはなれます。そのため、「一人前レベル」に到達する人は多いと言えます。しかしその一方で「プロフェッショナルレベル」と言える域まで成長する人は、ごく限られています。

それでも私は、自分の経営する会社の社員たちに「**ビジネスの世界は、スポーツや芸術の世界とは違い、正しい努力を続けていれば、誰でもプロフェッショナルになれる**」と常々言い聞かせています。

では、なぜ「一人前レベル」で成長が止まってしまう人が多いのでしょうか？

その疑問に答える前に、そもそも「一人前レベル」と「プロフェッショナルレベル」の違いについてお話ししましょう。

「一人前レベル」とは、仕事を決められた手順に従って、よどみなく、正確に遂行できるレベルのことです。Ｗｅｂ制作で言えば、次のようなことができる人になります。

・ＨＴＭＬ、ＣＳＳ、ＪａｖａＳｃｒｉｐｔなどのプログラミング言語を用い、会社から決められた作業手順にのっとったＷｅｂページやバナーの制作
・会社から決められた作業手順や帳票に対する改善提案
・仕様書などの帳票に記載されている内容のうち、自分の作業に対する懸念事項の指摘
・自分の成果物で不具合が生じた際の、原因特定と的確な対処

一方、「プロフェッショナルレベル」とは、**深い専門知識と幅広い見識を持ち、難しい仕事でも迅速かつ的確にこなし、部門や会社の直面している課題の解決に貢献できるレベルのこと**です。Ｗｅｂ制作で言えば、次のようなことができる人を言います。

・複雑な要件であっても、納期を守って、質の高い成果物を制作できること
・Ｗｅｂ制作の最新技術に関する深い知識を有し、新たなワークフローを構築するなど、作業工数の削減や会社のサービスレベル向上をはかれること
・サーバ、システム開発、デザイン、マーケティングなど、Ｗｅｂに関する幅広い知識を有し、各帳票に目を通した際に、自分の作業範囲だけでなく、後工程も含めた案件全体に対する懸念事項を指摘できること

• 他人の成果物であっても、不具合の原因を特定し、的確に対処できること

「プロフェッショナルレベル」の人間は、期待以上の成果をあげられるのはもちろんのこと、後輩をフォローし、時には上司をサポートする頼もしい存在であり、会社にとっては財産です。誰もが目指すべき姿と言っても過言ではないでしょう。

そして、先ほども話した通り、ビジネスの世界では誰でも「プロフェッショナルレベル」になれる可能性を秘めているのです。

それなのに、なぜほとんどの人が「プロフェッショナルレベル」まで成長できないのか

――それは「リーダーが求めていないから」です。

「一人前レベル」になるには日々の業務の中で、何度も失敗し、都度上司から指摘され、時には残業してでも修正する、という不断の努力が必要です。その努力を乗り越え、「一人前レベル」になってしまえば、失敗が少なくなり、上司からの指導が減るはずです。効率よく作業できるようになるため、残業も減るかもしれません。簡単に言えば、仕事がかなり楽になるのです。

「一人前レベル」と「プロフェッショナルレベル」との間には大きな差がありますから、「プロフェッショナルレベル」を目指すとなれば、これまで以上に厳しい努力が求められま

す。失敗や挫折も比較にならないほど多くなるでしょう。

人間は誰でも楽な方に流れるものです。心地よいぬるま湯から出て、さらなる高みを目指して険しい山を登ろうとしないのは当然です。

つまり、自分から「一人前レベル」を脱し、「プロフェッショナルレベル」を目指して地道な努力を続けるような人間は稀だということになります。そのため、リーダーの方から求めなくてはならないのです。


本人が望まなければ「プロフェッショナルレベル」を目指さなくてもいいのではないか——そう考える人もいるかもしれません。しかし、「一人前レベル」のまま放置しておくことは、本人のためにならないのを忘れないでください。

中には「一人前レベル」になったからといって「自分は仕事ができる」と勘違いし、「キャリアアップしたい」という理由で転職する人もいます。

ところが、そのような甘い考えで転職しても、キャリアアップはまったく見込めません。なぜなら「一人前レベル」とは、あくまで「会社から決められた枠組みの中で仕事ができる」というレベルにすぎず、世間で通用すると思ったら大間違いだからです。

Ｗｅｂ制作であれば、帳票、作業手順書、開発手法など、あらゆるフローが会社によって異なります。たとえＷｅｂ制作の基本的なスキルと知識があっても、新しい会社のやり方に慣れるまで時間を要するでしょう。さらに、新しい会社のやり方に慣れたとしても、「一人前レベル」のスキルと知識しかなければ、結局は前の会社とやっていることは同じ。ただ単にキャリアがリセットされ、職場環境が変わるだけです。周囲からの信頼もキャリアも、ゼロからもう一度積み上げていかねばなりません。

つまり、会社のビジネスに良い影響をもたらすことのできる「プロフェッショナルレベル」の人間でなければ、転職しても大きな変化は見込めないわけです。

それは今の会社で仕事を続けていくうえでも同じことが言えます。すなわち「一人前レベル」から「プロフェッショナルレベル」を目指さなければ、できる仕事の幅が広がりませんから、それ以上のキャリアアップが見込めなくなってしまうのは仕方のないことです。

したがって、**部下自身が望む、望まないにかかわらず、その道で仕事を続けていく以上は「プロフェッショナルレベル」を目指させなければ、部下の将来のためにならない**、となるのです。

だからと言って、口頭で「もっと上のレベルを目指しなさい」と命じても、何の意味もありません。むしろ「なんでそんなことを言われないといけないのか」と反発を招くだけです。

では、どのようにすれば、部下が「プロフェッショナルレベル」を目指すようになるのでしょうか？

それは**リーダーが部下のゴールとなる姿を明確にしたうえで、いつまでに、何をするべきか、事細かに指示すること**です。

プロスポーツに照らし合わせれば分かりやすいでしょう。例えばプロボクシングの世界では、それぞれの選手に必ずトレーナーがいます。選手がプロテストに合格したその日からタイトルマッチまでの道のりを計画するのはトレーナーの仕事です。

それだけではありません。選手の適性を見抜いて、ファイトスタイルを決めるのも、選手の能力、状態、試合までの期間など、様々な要素を考慮して練習メニューを組むのもトレーナーの役目です。

選手はトレーナーから指示された通りに、愚直に練習を積むことで、最終的にチャンピオンになれるほどまで強くなれるわけです。

ビジネスの世界もまったく同じです。

普段から部下の仕事を細かく見ていれば、どのような適性があるか分かるものです。マネジメントに向いている人もいれば、専門的な仕事を極めることに向いている人もいると思います。それぞれの個性に合わせて、将来どのようなポジションが適しているかを考え、彼らのキャリアプランを明確にするのはリーダーの責務です。そして、事あるごとに、そのプランを部下に伝え続ける必要があります。

あなたの考えたキャリアプランを部下と共有した後は、そのプランを実現するために必要なスキルを身につけるための仕事を任せます。はじめのうちは上手くいかないのは当然です。ですから、相手がベテラン社員であっても、新入社員を指導する時と同じように、あなたがピタリと横につき、細かくフォローしなくてはいけません。

そのようにして、コツコツと新しい仕事を覚えさせることによって、「プロフェッショナルレベル」まで部下を引き上げることができるのです。

ビジネスの世界では、みんな才能は一緒です。地道な努力を続ければ、必ず花開きます。ですから、**リーダーが、部下の可能性を信じ抜き、励まし続け、そして根気強く指導したか否か——それこそが、部下が「一人前レベル」で止まるか、「プロフェッショナルレベル」まで成長するかの分岐点**なのです。

部下の可能性は、リーダーの強い意志と行動の継続がなければ花開かないことを、忘れないようにしましょう。

常に一流のモノやサービスに接すること

「一流になりたければ、若いうちから一流のモノやサービスに触れなさい」と、私は社員たちによく言い聞かせています。新型コロナウイルス感染症が流行する前までは、社員旅行などの社内行事を国内有数の一流ホテルで催していました。それも社員たちに一流のもてなしを体感してもらうためでした。

「麻《あさ》に連《つ》るる蓬《よもぎ》」という言葉があります。真っすぐ伸びる麻の中にまじれば、曲って育つ蓬であっても真っすぐ伸びる、という意味です。すなわち、一流に触れることで、感性が磨かれ、自身も同じように成長しようと思えるものです。

ただしリーダーは、ただ単に一流のモノやサービスに触れ、「素晴らしい」と感嘆するだけでは足りません。

つまり、**一流が一流である所以《ゆえん》を知るようにしなくてはいけない**、ということを覚えておきましょう。

モノやサービスは、言ってしまえば「成果物」です。「成果物」には必ず「プロセス」があると言いました。それは一流のモノやサービスであっても変わりません。つまり、一流のモノやサービスは、必ず「一流のプロセス」によって作られているということになります。

そのプロセスのスタート地点となるのが、「背景」です。「背景」とは、芸術作品であれば、作者の生涯、作品が作られた時代と場所、作品に用いられている技法などのことを言い、ビジネスであれば創業者の経営理念となります。

「背景」から「作品」に至るまでの経緯を想像することで、目に見えない一流のプロセスを知ることができるようになるのです。


例えば、「帝国ホテル」。日本生産性本部が発表している「日本版顧客満足度指数」の、シティホテル部門で13年連続顧客満足度ナンバーワンを獲得するなど、言わずと知れた日本を代表する超一流ホテルです。私の経営する会社でも、新型コロナウイルス感染症の流行前までは、新入社員歓迎会の会場として利用していました。

およそ130年の歴史がある帝国ホテルの原点を知っているでしょうか？

それは初代会長である渋沢栄一の「私利を追わずに公利を図る」という信念です。さらに、彼は在職中、従業員にこんな言葉をかけたといいます。

「君達が丁寧に能く尽して呉れゝば、世界中から集り世界の隅々に帰つて行く人達に日本を忘れずに帰らせ、一生日本をなつかしく思出させることの出来る、国家の為にも非常に大切な仕事である。精進してやって下さいよ」（帝国ホテル公式サイト「渋沢 栄一と帝国ホテル」より一部抜粋）

これら渋沢栄一の信念こそ、超一流のおもてなしの「背景」です。それを知ったうえで、実際にホテルでサービスを受けてみる。すると、確かにその信念が脈々と受け継がれているのがよく分かると思います。

では、一流のモノやサービスに触れる際に、「背景」からプロセスを想像することが、なぜリーダーに求められるのでしょうか？

それは**物事の本質を見抜く習慣**が身につくからです。

本質を見抜く習慣が身についていない人は、すべての事象を、目に見えていることや耳で聞いたことなどの「表面」でしかとらえようとしません。

例えば、コンペで敗れた時、先方から「他社よりも価格が高かったから」とか「デザインや企画が他社の方が勝っていたから」という言葉をもらったとします。

本質が見抜けない人は、それらの言葉を鵜呑みにし、価格の見直しやデザイン・企画のブラッシュアップを会社に要求するでしょう。しかし、お客様がそれらを選定理由に挙げるのは、あくまで「建前」であることがほとんどです。「真因」は往々にして違います。決定権を有する役員に満足なアプローチができていなかった、案件全体をフォローしているコンサルティング会社の関連会社に発注することがあらかじめ決まっていた、などが「真因」にあたります。

それらへの対策を見直さない限りは、いつまでたっても表面的な要因に振り回されることになり、強い組織を作ることができません。

この他にも、事故の対策や適材適所など、本質を見抜く習慣はリーダーの様々な業務に必要なものとなりますので、絶対に身につけなくてはならないのです。

当然のことながら、他の習慣と同じく一朝一夕には身につきません。ですから、日頃からなるべく多くの一流のモノやサービスに触れ、その背景からプロセスを知る努力を積み重ねていきましょう。

モチベーション管理は失敗する

部門の成績はリーダーのマネジメントによって左右されると言っても過言ではありません。そのため、多くのリーダーがマネジメントの方法について頭を悩ませていることでしょう。

正しいマネジメントの方法を説明するにあたり、まずは陥りがちな失敗例からあげてみようと思います。


かつて私の経営する会社で、成績の振るわない部門がありました。

過去に定めた業務の基準が、今の社会に合わなくなっており、仕事の進め方を変えていかねばならなかったのです。さらに、社員たちが誰一人として会社から決められた手順を守っていなかったことも、成果のあがらない要因でした。

そこで私は部門の立て直しを期待して、大手広告代理店の支店長だったEさんを中途入社で迎え入れ、責任者に任命しました。

Ｅさんの前職の会社には、もとより優秀な社員が多く、上司たちは部下のモチベーションを大事にすることで業績を伸ばしていたようです。

Ｅさんはそのマネジメントの手法を、赴任したばかりの新しい部門にも当てはめようとしました。つまり、「部門の成果があがらないのは、社員の仕事に対するモチベーションが低いからだ」と考えて、部下と面談することからはじめたのです。

仕事に関する悩みを聞き、アドバイスすることで、モチベーションアップを目論《もくろ》んだのでしょう。ところが、部下たちの口から出てきたのは「労働時間が長い」、「給料が安い」、「社員の意見を聞いてくれない」など、よくありがちな会社に対する不平不満ばかりでした。

そこでＥさんは「社員が伸び伸びと気分良く働けば、部門は発展するはずだ」と結論付けて、部下の不平不満を取り除くことに集中します。部下の愚痴を聞き、事あるごとに飲みに連れていくなど、溜まったストレスを解消させ、気持ち良く働いてもらう環境を作ることに力を入れました。

ただしそれでは「錆びた鉄に金メッキを施すようなもの」です。

はたから見れば雰囲気の良い組織に映るかもしれませんが、なんの解決にもなりません。むしろメッキの下でますます錆《さび》が広がってしまうのは目に見えています。

案の定、部門の成績は落ち込み、部下の状況は一向に改善されませんでした。そのため次から次へと人が辞めていく始末……まさに火に油を注ぐ結果になったと言えましょう。そうして、ついに私はEさんを責任者から外さざるを得なかったのです。

このように**「モチベーション管理」のマネジメントは確実に失敗します。**

とくにリーダーになりたての人は、とにかく部下の士気を高めようと、やっきになる傾向があります。自然と部下の意見を聞きすぎてしまい、迎合主義に陥りがちです。結果として、部下の不平不満の助長につながり、何の解決にもなりません。

確かにモチベーションは非常に大切です。

かく言う私も常日頃から「高いやる気は岩をも砕く。無気力は紙すら破れない」と、社員に言い聞かせています。

しかし先の例えの通り、錆びた鉄に金メッキを施したところで錆びているのに変わりはなく、放っておけば状況が余計に悪化してしまうのは避けられません。

そもそもモチベーションは他人からの働きかけによって上がるものではなく、自分の力で困難を乗り越え、目標を達成した時に初めて上がるもの。したがって部下のモチベーションを管理しようなどと考える必要はないのです。

正しいマネジメントの方法とは、「錆を取り除くこと」――つまり、「部門の抱えている問題を解決すること」です。

したがって、会社から決められた手順で業務を進めていない部下がいれば、何百回と指導して、正しい業務の進め方を体で覚えさせるしかないわけです。

もし部下が「自分が楽をしたいから」といったような身勝手な考えで作業手順を変えていたならば、叱責する必要があります。

また、これまで好きなように作業を進めても誰からも注意されなかった中堅社員からは、反発されることもあるでしょう。それでも毅然とした態度で、標準化された作業手順を守らせるべきです。

一朝一夕にはいきませんし、部下から煙たがられることもあります。

それでも決して匙《さじ》を投げないことです。

錆びた鉄であっても、根気強く研磨すれば鋭い剣になるように、問題の抱えた部門であっても、こつこつと業務改善に取り組み続ければ、必ず強くなります。

その頃になって、ようやく結果が出てきます。部下も仕事ができるようになり、自然とモチベーションが上がるはずです。

ですから、部下のモチベーションを気にするのではなく、部門の問題に真正面から立ち向かうようにしましょう。

うるさい、細かい、しつこい上司になれ

いちいち細かいことまで注意する、しつこくて、うるさい上司——世の中で嫌われる上司像の典型と言えます。しかし、私は自社の管理職者たちに対して「部下に嫌われるのを覚悟して、うるさい、細かい、しつこい上司になりなさい」と言い聞かせています。

先にも「人を見た目で判断するな」と話しましたが、多くの人がサービスや成果物を目に見えている部分だけで評価してしまいがちです。しかし一流のビジネスパーソンほど、お客様の気づかないような細かい部分まで気を払えるものです。

ですから私は、新たな外注業者との取引を検討する際は、窓口となっている担当者に必ずその会社のオフィスを見学させます。

机の上が書類の山になっていないか、来客時の挨拶はしっかりしているか、社員の服装や作業態度に問題はないか……など、表面的なサービスや成果物からでは判別がつかない細かい部分をチェックさせているのです。

目に見えない部分だからといって、それらをおざなりにしているような会社は、必ず大きな事故を引き起こします。なぜなら**ほとんどの事故は、報連相の遅れや、作業のチェック漏れなど、小さなことが原因**だからです。

だからこそ、会社全体で、「細部に至るまで徹底してこだわる風土」を作らねばなりません。その風土は、リーダーから部下に対する日々の指導でしか生まれないのです。

残念ながら、細かい問題行動は、既に習慣化されており、他人から指摘されないと気が付かないものです。

例えば、挨拶一つとってみても、明るく元気よくできている人は、ほとんどいません。たいていの人は、顔を伏せたまま、目も合わさず、暗い声でボソッとつぶやくようにして挨拶をします。中には「おはようございます」の声すら出さない人もいます。そしてそれを悪いことだと認識していないのです。

したがって、元気な挨拶ができていなければ、その場で「声も顔も暗いぞ」と指摘しなければいけません。

言うまでもありませんが、日々の業務についても同じです。

動作レベルまで細かくチェックし、気になるところがあれば、どんなに些細なことであっても即座に指摘するよう心がけましょう。

また、先ほどから何度も話している通り、人は1度や2度、指導したからといって、すぐに行動が変わることはありません。習慣化してしまっている行動なら、なおさらです。そのため、あなたが満足できるレベルに達するまでは、毎日、何度でも同じことを指摘し続けてください。

その際、業を煮やして「何度も同じことを言わせるな」と叱責してはいけません。淡々とした口調で指摘し、もう一度やり直させ、場合によってはあなた自身が手本を見せてあげる必要があります。

部下に「しつこいなぁ」と苦い顔をされることもあるかもしれません。ですが、それくらいがちょうどいい。部下の目を気にして指導を怠るようでは、リーダーの怠慢だと肝に銘じなくてはなりません。

建築や芸術の格言に「神は細部に宿る」というものがあります。それはビジネスにも大いに当てはまります。

目に見えない細かい部分にこそ、日頃の習慣や態度があらわれます。そういう部分を大切にしないと、お客様から信頼されるようなプロのビジネスパーソンにはなれません。

しかし、とくに若い社員はそのような現実を知りませんから、普段から上司が指導を通じて教え込んでいかねばならないのです。

長い目で見れば、必ず部下本人のためになります。ですから、部下から嫌われることを怖がってはいけません。

深い愛情と、強い信念を持って、うるさい、細かい、しつこい上司になりましょう。

ビジネス社会の厳しい現実を事あるごとに知らしめる

どんな会社であっても、自分の置かれた立場や待遇に対して不満を持っている人は少なからず存在します。とくにビジネス社会の現実を知らない若手社員にその傾向は強いと言えます。

若手社員が会社に不満を抱く要因は実に単純で、彼らの理想とする会社像と現実がかけ離れていると感じているからです。具体的には次のようなことを指します。

- 「働き方改革」で残業ゼロが当たり前の時代なのに、自分は毎日残業している
- 全世界的にテレワークが普及しているのに、自分は許可されていない
- 朝早くから夜遅くまで働いているにもかかわらず、給料が低いし、昇給の幅も小さい
- 売上が伸びないのは、会社が売れる仕組みを作っていないからだ
- いつまでたっても雑用ばかりで、責任ある仕事を任せてくれない

その他にも休暇、人間関係、職場環境、社内行事、服装や髪型に至るまで、あらゆることで、彼らは自分の理想と会社の現状を比べています。

その状態を放置しておくと、「今の会社は時代遅れだ。もっと常識的な会社があるはずだ」と思い込み、やがては転職していくでしょう。

ところが、いざ転職してみたはいいものの、自分の考えていた「常識」が、まったく「常識」ではなかったことに気づいて、後悔するはめになる人が実に多い。

それどころか、次の会社でも自分の考えが甘かったことに気づかず、さらに次の会社に理想郷を求める悪循環を繰り返す人のなんと多いことか。

実際に私の経営する会社でも、退職後わずか数か月で「自分の考え方が甘すぎました。もう一度、この会社で雇ってください」と頭を下げてきた人が何人もいます。

言うまでもありませんが、転職してから誤りに気づいても遅すぎます。

元の会社に戻ることはできません。都合よく復帰できたとしても、周りから白い目で見られ、結局は居心地が悪くなって退職につながってしまうでしょう。

つまり、間違った情報をもとに、理想の会社像を作ってしまうことは、自分で自分の人生を不幸にすることにつながりかねません。

では、なぜ若者たちは間違った情報を信じ込んでしまうのでしょうか？

もっとも大きな原因は、情報収集の方法がインターネットに依存しているからです。

毎日しっかりと新聞を読み、様々な業種のビジネスパーソンたちと接触する機会の多い人であれば、ビジネス社会の現実を正しく知ることができるでしょう。

ところがほとんどの若者がそうではありません。

普段から接する相手はもっぱら会社の同僚ばかり。家族や友人とはビジネスに関する話題を口にせず、たまに仕事で外部の人と接する機会があっても、発注や納品などの決まりきったコミュニケーションしかしない……そんな生活が普通です。

また、総務省の公表している「情報通信メディアの利用時間と情報行動に関する調査（令和3年度）」によると、20代が1日のうちで新聞を読む時間は、なんと平均で1分未満となっており、30代でも2分を切っています。

したがって、多くの人がネットからでしか世間を知ることができない状況と言えます。

ネットに溢れている情報がすべて正しければ問題ないかもしれませんが、そうではありません。むしろ名の知れたメディア会社の記事ですら、事実無根であることもしばしばあります。

長引く出版不況によって新聞や雑誌が売れない時代。メディア会社はなんとしても自分たちのネット記事に読者を集めようと必死になっています。そこから広告収入が得られるからです。

ネット上にはただでさえ星の数ほどの情報が溢れていますから、ありきたりのタイトルや内容では誰も見向きもしてくれません。そのため、実態とかけ離れていたり、根拠に乏しくても、読者の興味を引けそうな内容であれば記事を作り、ＳＮＳに投稿するのが常套手段となっています。

読者は記事が面白ければ、軽い気持ちでＳＮＳの投稿に「いいね」を押します。それが他人の目に触れて、やがて拡散していくのです。

つまりメディアや読者にとっては、記事の内容が真実であるか否かなど、どうでもいい、ということになります。

若者たちはそのような世間の事情など知りません。

そのため、「有名なメディア会社の記事で、多くの人が支持しているから、真実に違いない」と勘違いし、「常識」と信じ込んでいるのが現実です。

情報は、自分を活かす武器にもなれば、自分を殺す毒にもなりかねません。

情報の真偽を見極める「正しい目」を持つことは、長いビジネスライフを幸せなものにす

るために、とても重要なことだと言えます。

ところが、誰もそんなことを教えてくれませんし、万が一間違った情報を鵜呑みにして、不幸な道をたどることになっても「自己責任」のひと言で片づけられてしまいます。

しかしリーダーがそのような態度では無責任すぎます。

「上司たるもの、部下の人生も背負って立つのだ」という気概を持たねばなりません。

ですから、**リーダーは部下が誤った情報を「常識」であると勘違いを起こさないよう、ビジネス社会の現実を事あるごとに言い聞かせるようにしましょう。**

部下の正しい評価は、仕事のキャッチボールと成果物で

先ほど、「部下に迎合するな」と言いましたが、部下を評価する際にも、部下の顔色をうかがってしまうリーダーは少なくありません。

すなわち、部下に悪く思われたくないため、評価を高くし過ぎてしまうのです。

よほどのひねくれものでない限り、上司から高く評価されて嬉しくない部下などいません。ですから、もしあなたが部下を高く評価すれば、彼らから感謝されるでしょう。あなた自身も気分が良くなるかもしれません。

ところが「見せかけの高評価」ほど、部下の害になるものはありません。

なぜなら「今の評価を維持できればいい」と考え、そこで向上心を失ってしまうからです。つまり、これ以上の成長を望まなくなるということです。

ここで一つ忘れないでほしいのは、**会社に属している以上、どんな社員でも会社からの高い評価を目標にして働いている、**ということです。

したがって、あなたの部下は、あなたからの評価が上がることを何よりも優先しています。言ってみれば、「目の前にニンジンをぶらさげられた馬」のようなもので、わき目も振らずに一心不乱に追いかけ続けているのです。

そのため、あなたが間違った評価をすれば、部下も間違った道を進むことになってしまいます。

例えば「多少無理を強いても、文句を言わず引き受けてくれる人」や「いつでも『よいしょ』してくれる人」など、自分と良好な関係を築いている部下を高く評価すれば、部下は上司への「ごますり」ばかりを考えるようになるでしょう。

また中には、ノルマの達成度だけで部下を評価する人もいますが、とんでもないことです。そのようなことをすれば、部下は「なんとしてもノルマを達成しなくてはならない」と考え、不正行為や虚偽報告に走るようになるのは目に見えているからです。

その他にも、感覚だけで部下を評価する人。残業時間が長い人ほど、「よく働いている人だ」と評価する人。見た目やコミュニケーション能力の高さで評価する人など、部下を正しく評価できないリーダーがなんと多いことか。

そのような人たちは部下のビジネスライフを自分たちの手で壊している、と言っても過言ではありません。しかも本人に自覚がないから、なおさら厄介です。

あなた自身はいかがですか？

部下を正しく評価できていると、言い切れるでしょうか。

では、どのように評価することが「正しい評価」と言えるのでしょうか？

その答えは、「部下にどんな能力を身につけてほしいか」を考えれば、おのずと導かれます。

先述の通り、リーダーは部下にビジネスの基本動作を何よりも優先して身につけさせなくてはなりません。これを抜きにして小手先のテクニックやコミュニケーション能力ばかりを鍛えても、プロはおろか一人前になることすらできないからです。

したがって、**上司がビジネスの基本動作の習熟度を評価するようになれば、部下はおのずと正しい習慣や行動を身につけるよう努力するようになります。**

つまり「正しい評価」とは、「ビジネスの基本動作の習熟度を評価すること」と言えるのです。

言うまでもありませんが、ビジネスの基本動作の習熟度を評価するためには、部下の能力を正確に把握する必要があります。

ところが、それができているリーダーは、残念ながら実に少ない。

できているつもりになっていて、実際のところは感覚に頼っている人が多い。だから評価がいつもぶれる。それを部下は鋭く見抜いています。

「以前はできていると言われたのに、今回はできていないと言われたのはなぜか……」あなたへの不信感が、やがては会社に対するものに変わっていきます。

そうして「この会社は私のことを正当に評価してくれない」という結論に至り、退職のきっかけになってしまうのです。

こうした事態は何としても避けねばなりません。

ですからリーダーは、ビジネスの基本動作の習熟度を正確に把握する術を身につける必要があります。

ビジネスの基本動作の習熟度を正確に把握する唯一の方法は、部下と仕事のキャッチボールを日頃から繰り返し、成果物を細かくチェックすることです。なお「仕事のキャッチボール」とは、日々の業務で発生するコミュニケーションを指します。

「自分は部下と頻繁にコミュニケーションを取っているから問題ない」と考えている人もいるかもしれませんが、本当にそう言い切れるのか、この機会に振り返ってみてください。

例えば、部下に業務を命じたその日のうちに、「作業に取り掛かるうえで不明点はないか」や「どのような段取りで進めようと考えているか」を自分から聞いていますか？

めったに発生しないような難しい業務や、未知の仕事であれば、誰でも細かくコミュニケーションをとるように心がけているでしょう（中には、そのような業務すら部下に丸投げしっぱなしの人もいますが……）。

一方で、普段から慣れた業務では、部下から相談してくるか、成果物を提出してくるまで放置しても問題ないと考えていませんか？

その考え方は大いに間違っています。

仮にありふれた業務であっても、部下と必ずコミュニケーションを取り、部下が業務をしている様子と成果物を細かくチェックしなくてはいけません。そうすることで次のようなことが把握できるようになるからです。

- 専門知識が不足していないか
- 期限に間に合うようにスケジュール管理しているか
- 会社から決められた作業手順を、端折《はしょ》ることなく一つ一つ遂行できているか
- スピードよりも正確性を重視し、セルフチェックをこまめに行っているか
- 正しい作業姿勢で仕事に取り組めているか
- 文書やデータを会社から決められた保管ルールに従って整理整頓しているか

1度や2度のコミュニケーションだけで、これらすべてを隈なく把握することは不可能です。**普段から仕事のキャッチボールと成果物のチェックを繰り返すことによって、彼らのビジネスの基本動作に関する習熟度が手に取るように分かってくる**のです。

営業成績などの数字、労働時間の長さ、人間関係の良さ、自分の感覚――これらで部下を評価することは簡単です。誰でもできます。しかし、それでは「私は普段から部下と仕事のキャッチボールをしていません」とさらけ出しているのと同じです。

あなたが正しい評価ができるようになれば、必ず部下は今以上に成長し、大きな成果をあげられるようになります。

「部下の成長が遅い」とか「部下が成果をあげてこない」と嘆く前に、部下に対する評価の仕方が正しいものになっているか、まずは自分自身を振り返らねばいけません。

そのうえで、正確に部下の能力を把握できるよう、仕事のキャッチボールと成果物の細かなチェックを怠らないようにしましょう。

見せかけの退職理由に惑わされるな

誰でも一度は、新聞の勧誘や電話セールスなどを断った経験はあると思います。その際、なるべく角が立たないよう、当たり障りのない「建前」の断り文句を口にするのが普通です。

それは社員の退職理由にも同じことが言えます。

例えば、次のような退職理由はかなりの確率で「建前」でしょう。

- 家族が体調を崩したため、実家に戻って面倒を見る必要が生じた
- 学生時代からの夢だった海外留学をしたい
- 今までの経験を活かし、まったく違う分野で勝負したい
- 父から「そろそろ家業を手伝ってほしい」と打診された

これらの理由を真に受け、あっさりと退職を認めたうえに、何の対策も取らないリーダーが見受けられますが、それでは「本音」と「建前」の区別もつかないお人好しとしか言いよ

うがありません。

そもそも会社が新入社員を受け入れるのに、どれほどのコストをかけていると思いますか？

新入社員1人あたりに年間発生する費用は、給料、社会保険料、教育費、諸経費、備品などで500万円程度が相場です。さらに言えば、入社後3年は教育期間であり、戦力として計算しないのが普通ですから、新入社員の受け入れは、1人あたり1500万円以上のコストが発生していることになります。

その後もしばらくは赤字の垂れ流しで、入社後5年ほどたってようやく利益が出はじめます。損益分岐点に達するには、下手をすれば10年以上必要になるかもしれません。

それでも会社が積極的に新入社員を採用しているのは、20年後、30年後に会社を背負って立ってもらえるような人材に育つことを期待しているからです。

つまり、入社後わずか数年の若手社員が退職するということは、会社にとっては大きな損失以外の何ものでもありません。絶対に避けなくてはならないことです。管理職者はそのことを深く胸に刻み込まねばなりません。

では、退職理由の「本音」とは、いったい何なのでしょうか？

入社直後の社員であれば、仕事や社風が合わないという人もいるでしょう。いわゆる「採用のミスマッチ」です。そのような人は働き続けても本人のためになりませんから、1日でも早く新しい道へ踏み出した方がいいでしょう。

また次のように「今の会社がブラック企業のため逃げ出したい」という人もいます。

- 給料が著しく低すぎて生活がままならない
- 残業時間が長く、休日出勤も多いため、体調を崩しがち
- 上司、先輩からのパワハラやセクハラ
- ノルマがきつすぎる

こちらも本人の体と心を守るためには、致し方のないことだと思います。

さらに本人が大きな病気やケガをして、どうしても今まで通りに仕事を続けられないというケースも稀にあります。これも仕方ないでしょう。

しかしその一方で、仕事や社風が合わないわけでもなく、給与が平均以上で、残業や休日出勤も少ない。さらに、上司や先輩からのハラスメントもなく、ノルマも小さい——そのような会社で社員が退職する理由は、もはや次の3点しかありません。

・仕事がつまらない
・将来のキャリアプランが不透明
・上司に対する不信感

「仕事がつまらない」というのは、毎日同じことの繰り返しで、成長を感じていないことを指します。

リーダーが日常の業務であっても部下と密な仕事のキャッチボールを繰り返し、部下の得手不得手を明らかにし続ければ、部下は成長の余地をおのずと見出し、「仕事がつまらない」などという感情は起き得ません。

「将来のキャリアプランが不透明」というのは、会社からの評価があいまいで、自分の未来図が描けないことへの不安があることを指します。

こちらも、リーダーが事あるごとに部下に対し、現在の立ち位置を明らかにしたうえで、彼らに会社が期待するキャリアプランを示せば、安心して日々の業務にあたることができるでしょう。

「上司に対する不信感」については、私がこれまで説明してきたことを略さずに、一つ一つ丁寧に行っていれば、絶対に起きるはずのないことです。

このように、大きな問題のない職場環境において部下が退職を申し出るのは、リーダーが部下と真っ当なコミュニケーションができていないことが最大の原因と言えます。

それを棚に上げて、「本人がこう言っているのだから仕方ない」と諦めて、自分の行動をあらためようとしないのは、リーダーとして失格の烙印を押されても仕方ありません。

部下全員に定年まで勤めあげてもらうことが理想ですが、現実的には不可能でしょう。

昨日まで明るい顔つきで勤務していた人が、突然退職を申し出てくる時もあります。普段から従順で人当たりのいい人ほど、腹の内では不平不満を溜めているものです。そして、そのような人ほど、「建前」の退職理由を平然と口にします。

そのような時は、部下の言葉に同調するのではなく「本音」を見抜くように心がけ、自身の行動を見直すきっかけにしましょう。

部下のプライベートに積極的に関われ

仕事もプライベートも人生の一部であり、切っても切り離せないものです。私は事あるごとに社員たちに「大いに働き、大いに遊びなさい」と話しています。プライベートの充実は、仕事の活力につながるからです。

ただしどんな人であっても、楽しく遊んでばかりはいられません。苦しい時や踏ん張らなくてはいけない時も必ずあります。

子育てや家族の介護・看病などが典型例でしょう。

気は持ちようですから、それらを心の底から楽しんでいる人もいると思います。しかし仮にそうであったとしても、体への負担は避けられません。

例えば、楽しみながら子育てをしていても、毎晩のように夜泣きが続けば、睡眠時間はおのずと削られ疲労は溜まっていきます。

人は摩耗するものです。疲労がピークに達すれば、仕事でミスを頻発しても仕方ありません。

そんな時、事情を何も知らない上司が、「ミスが多いのは怠惰だからだ」と決めつけて、「もっとしっかりしなさい！」と叱責したら、部下はどのように感じるでしょうか？

素直に「申し訳ございませんでした」と頭を下げるものの、内心では「人の事情も知らないで……」と不満を募らせることになるでしょう。

そういったことが何度も続けば、人間関係が悪化し、やがて退職につながっていくのは目に見えています。

そのような事態に陥らぬよう、**リーダーは先手を打って、部下のプライベートな事情を積極的に把握するよう努めなくてはなりません。**


家族の介護・看病をしている人であれば、「家族の面倒を見る時間を確保したいので、残業が長く続くのは避けたい」と考えるのは普通です。

また、子育てをしている人であれば「子どもが急な発熱をした日は、仕事の途中であっても病院に行かせてほしい」とか「運動会や発表会など、子どものイベントの日は有給休暇を取らせてもらいたい」と考えるものです。

しかし「自分から会社にそのような要望を切り出すのは気が引ける」という人が圧倒的に多いのが現実でしょう。

だからこそ、リーダーの方から積極的に聞く姿勢を見せなくてはいけません。

例えば、子どもが生まれたことを会社に届け出た部下がいたとします。それを知るや否や、子育ての様子について、じっくり耳を傾けましょう。そのうえで、「困っていることはないか」とか「会社に配慮してほしいことはないか」といった風に、リーダーの方から手を差し伸べてあげることが大切です。

さらに言えば、子育ては子どもが自立するまでは、ずっと続くものです。入学式、卒業式、受験、部活の発表会・試合など、様々なライフイベントが訪れます。それらのイベントに部下が無理なく関われるように、気配りを欠かさないのはリーダーとしての務めです。

また、家族の介護や看病をしている部下に対しては、一時的な休暇、時短勤務、テレワークへの切り替えなど、多様な働き方を提案することも必要でしょう。

何よりも家族を優先できるよう、柔軟な対応を心がけることを忘れてはいけません。

部下のプライベートな事情よりも、会社の利益が優先ではないのか――そう考え、部下のプライベートに関わることに消極的な人もいると思います。

そのような人ほど、ノルマの達成度や残業時間の長さなど、部下のことを「数字」でしか見ていない人と言えます。

部下はそんな人間に「ついていこう」とは絶対に思いません。現代は「転職するのは当たり前」という時代ですから、隙さえあれば「転職しよう」と考えるようになります。どれだけ部下のプライベートに関われているか——部下とのコミュニケーションの取り方について常に見直し続けることが、部門の離職率を抑えることにつながるのです。

リーダーになるということは、部下の人生を背負って立つことを意味します。つまり部下はあなたの家族そのものなのです。

ですから、**部下の幸福を自分の幸福と考えなくてはなりません。**

先ほども言った通り、仕事もプライベートもその人の人生の一部ですから、どちらも充実したものになるように、思いやりの心を持って接することが何よりも大切です。

もしあなたが思いやりの心を持って、部下の言葉に耳を傾けたならば、部下は自然と自分の抱えている事情を口にするでしょう。

その際に、あなたにしてみれば「些細な事情に過ぎない」と思える場合もあるかもしれません。しかし「それくらいなら仕事に支障をきたさないよう、自分で何とかしなさい」と突き放してはいけません。あなたが突き放した瞬間に、部下との人間関係は粉々に破壊されます。もう二度と、あなたに対して本音をさらけ出すことはないと断言できます。

だからと言って「甘やかしなさい」と言っているのではありません。事情によっては「それは配慮できない」と言わざるを得ない時もあると思います。

それでも部下の事情を真摯に受け止め、理解を示してあげることはできるはずです。そのうえで、会社で定められたルールの中で、可能な限りの配慮をしてあげましょう。

そうすることで、部下はあなたに強い信頼を寄せ、心置きなく仕事に打ち込むことができるようになるのです。

第4章

夏が暑いのも、冬が寒いのも、すべて自分のせい

率先垂範の心構え

前章でも言いましたが、あなたの部下はあなたの一挙一動を、あなたが考えている以上によく見ています。つまり、部下があなたに不信感を覚えるか、信頼を寄せるかは、あなたの普段からの心がけ次第だということです。

そこで本章では、リーダーが実践すべき心がけについてお話ししていこうと思います。

まずは**「率先垂範《そっせんすいはん》の心構えを忘れないこと」**です。

率先垂範とは、難しい仕事であっても自分から率先して取り組み、部下の模範となることを言います。

率先垂範を意識して行動している人は、確かに多いでしょう。

しかし、「心構え」はどうでしょうか？

「心構え」が間違っていると、いくら率先垂範をしても部下はついてきません。それどころか、かえってやる気をなくし、上司への不信感を募らせることになります。

では、どのような「心構え」で率先垂範すべきなのでしょうか？

そのことについて述べていきます。

１つ目に、**「誰もが嫌がる仕事や、自分が不得意な仕事であっても、率先して行うこと」**です。

典型例は「クレーム対応」でしょう。

相手が感情的になっていたり、「損害賠償」や「訴訟」などの言葉が聞かれたら、誰でも尻込みしてしまうのは仕方のないことです。

そんな時に、「こうしなさい。ああしなさい」と上から指示するだけで、部下に対応を押し付ける人がいますが、それではリーダーとして失格です。

厳しいクレームをつけられたことが判明した瞬間に、あなたの方から先方へ次のように一報を入れるべきです。

「この度は不快な思いをさせてしまい、誠に申し訳ございませんでした。本件については、○○の上長である私、△△が窓口となって対応させていただきます。まずは状況を把握させていただきますので、今しばらくお待ちください」

そのうえで、部下とお客様との間でやり取りされたメールや問題の発覚した成果物など、現物から状況を客観的に把握し、部下とお客様のどちらにも肩入れすることなく、冷静に判断を下さねばなりません。

仮にお客様にとって思い通りにならない結果であったとしても、筋が通るように毅然とした態度で臨んでください。

すんなりと終わらせることができないのは当然です。クレーム対応であれば、相手がエスカレートしてしまう時もあるでしょう。

それでも自分から折れることなく、筋が通るように粘り強く取り組むことです。そのような姿を見せることで、部下はあなたの「生き様」を感じ取り、「自分もこのような人間になりたい」と、あなたの姿勢を目標にするようになるのです。

2つ目に**「率先垂範とは、自分の知識や能力をひけらかす場ではない、と心得ること」**です。

具体的な例を挙げてみましょう。

なかなか電話でアポイントが取れずに悩んでいる若手社員がいたとします。

「こんな時こそ率先垂範が大切だ」と思い込んだリーダーは、若手社員が見ている前でアポイントを取ってみせ、「ほらね。誰でもアポは取れるものだから頑張りなさい」と、彼の肩を優しく叩きました――この対応をどう思いますか？

何の問題もないと思った人は、「率先垂範の心構え」ができていないと言わざるを得ません。なぜなら、この対応こそ「能力のひけらかし」に過ぎないからです。

部下にしてみれば「はいはい、すごいですね。どうせ私はあなたに比べると、仕事ができませんよ」と卑屈な思いに駆られるだけです。上司を尊敬するどころか、かえってやる気を失うことになるのは、彼らの立場に立って考えれば一目瞭然《いちもくりょうぜん》です。

先ほどから何度も言っていますが、大切なのは「結果」ではありません。「プロセス」です。

部下にしてみれば「結果」を出せるようになるための「プロセス」が分からずに悩んでいるのですから、上司が「結果」だけを見せつけても、何の意味もないのです。

言うなれば、補助輪なしで自転車に乗れずに悩んでいる子どもに対して、大人が自転車に乗る様子を目の前で見せても、その子が自転車に乗れるようになれないのと同じです。

だから部下が架電している様子を見て、問題点を指摘し、ロールプレイの形でやってみせればいいのです。そのうえで、実際に部下の目の前でアポを取ってみせ、自分の指導したプロセスが正しいことを示しましょう。

つまり、**部下が「正しいプロセス」で作業ができるよう、指導・育成するのがリーダーの**

役目であり、率先垂範もそれが目的でなくてはならないということなのです。

3つ目に「**ビジネスの基本動作は、リーダーが誰よりも率先して行うこと**」です。

挨拶、時間厳守、整理整頓、報連相、PDCAなどのビジネスの基本動作について、口頭で部下に指導している人が多いでしょう。

しかし、それらの行動をあなた自身がしっかりと遵守できているでしょうか?

- 部下からの依頼事項を、指定された期限内に終わらせない
- 指定された期限内に作業が終わりそうにない場合、事前に連絡していない
- 部下の提出した書類を、即座にチェックしていない
- 難しい仕事を、細かく分解してから手順を示そうとせず、部下に丸投げしている
- パソコンのデスクトップがファイルのアイコンで埋め尽くされている
- 自分から挨拶していない。また、部下から挨拶されても明るい声で返していない
- カラー出力ばかりするなど、コスト意識に欠ける
- 専門知識や業界知識が部下よりも劣っている
- 会議にいつも遅れる　など

挙げればきりがありませんが、このような行動を無意識のうちに取っている人は少なくありません。そんな人に所作を注意されても、部下にしてみれば士気が下がるだけです。聞く耳を持とうとしないのは、当然のことと言えましょう。

したがって、普段から部下に指導しているビジネスの基本動作については、誰よりも率先して行わなければいけないのです。

最後に**「率先垂範して終わりではなく、口頭で何度も注意・指導すること」**です。

自ら率先して行動を起こせば、部下はその背中を見て同じように行動する――そんな風に考えたら大間違いです。

いかにリーダーが優れた行動を率先して行ってみせても、部下は自分の行動を省みようとしないのが現実だからです。

そのため、率先垂範したからといって、それで終わらせるのではなく、部下の行動をつぶさにチェックし、誤った行動を見つけたら口頭で注意・指導しなくてはいけません。

以上が「率先垂範の心構え」です。

・誰もが嫌がる仕事や、自分が不得意な仕事であっても、率先して行うこと

・率先垂範とは、自分の知識や能力をひけらかす場ではない、と心得ること
・ビジネスの基本動作は、リーダーが誰よりも率先して行うこと
・率先垂範して終わりではなく、口頭で何度も注意・指導すること

この4点を常に心がけ、自分の部門を正しい方向へ導いていけるよう、努力しましょう。

部下ができない仕事をやってのけた時、初めて上司といえる

どのような職場であっても、同じ仕事が毎日延々と続くとは限りません。顧客からの難しい依頼への対応や大きなトラブル対応など、時には困難な仕事が急に発生することもあります。いざそのような難題が発生した際に、あなたはどのような行動を取っているでしょうか？

一番やってはいけないのは、ろくに内容すら確認しないで、部下に難題を丸投げすることです。リーダーがそんなことを繰り返せば、必ず組織は衰退します。

かつて中国が「三国時代」と呼ばれていた頃の蜀《しょく》の皇帝、劉禅《りゅうぜん》が典型的な例でしょう。蜀を建国した父、劉備《りゅうび》の死後、弱冠数え17歳で皇帝に即位した劉禅。彼の腹心だった諸葛亮《しょかつりょう》がこの世を去ると、国の政治は大いに乱れました。

しかし劉禅は君主の座に胡坐《あぐら》をかき、山積みの難題をすべて家臣に丸投げします。また政務の知識に乏しく、家臣の人物評価すらまともにできなかったため、ごますり上手の奸臣《かんしん》を

重用するようになりました。

みるみるうちに国力は衰えていきます。さらに敵が領地に攻め込んできても、軍事に疎いため、自ら指揮しようとはしませんでした。それでは兵の士気は上がりません。そうしてついに蜀は滅ぼされてしまったのです。

中国では現在でも、劉禅の幼名「阿斗《あと》」が、「どうしようもない暗愚《あんぐ》な人」を意味するほど、評価が低い暗君と言えましょう。


逆にリーダーが自ら勇んで難題に挑みかかっている組織は必ず成果があがります。

江戸時代の米沢藩藩主、上杉鷹山《うえすぎようざん》が良い例です。

当時の米沢藩は幕府からの処分で石高が半分に減らされたにもかかわらず、藩士の出費は変わらず、莫大な借金を抱えるほどに財政が困窮していました。藩主は領民に重税を課し、「これでは生きていけぬ」とさとった領民は次から次へと国を去っていきます。

誰もが米沢藩の立て直しは不可能と考え、当時の藩主ですら幕府に領地を返納しようと考えたと言われています。

そんな状況の中、劉禅と同じく17歳でトップになったのが上杉鷹山です。しかし劉禅と違い、君主の座に胡坐をかきませんでした。

真っ先に取り組んだのは支出を抑えること――つまり倹約です。彼は「大倹約令」を発し、藩士はおろか領民に対しても、贅沢を禁じ、質素な暮らしをするよう厳命します。ただし、ただ単に藩士や領民に質素倹約を押し付けるのではなく、鷹山自身が自分の食事を粥にするなど、率先して倹約に努めました。

さらに藩の収入を増やすため、新たな田畑を作ることや用水事業を推進。その際も、荒れた土地を自分から鍬《くわ》を手にして耕しました。

また人物評価も正当でした。改革を嫌う古株の家老らと対立しますが、藩の立て直しを最優先事項とし、毅然とした態度で彼らの訴えを退け、身分が低くても産業や財政に明るい人材を重用しました。

このような藩主の姿勢を見て、藩士も積極的に改善に取り組むようになります。その結果、米沢藩は莫大な借金を完済し、領民の生活を安定させることに成功したのです。

後にアメリカの大統領に就任したジョン・F・ケネディが「もっとも尊敬する日本人は？」という問いに対し、「上杉鷹山」と答えたのは有名な話です。こうして上杉鷹山は「名君」として後世まで語り継がれるようになったわけです。

今挙げた例からも分かる通り、日頃から積極的に難題に取り掛かることで、リーダー自身に着実に実務遂行能力や実務知識が身につき、臨機応変な指導や正しい評価に基づく適材適所ができるようになります。臨機応変な指導と正しい評価ができないリーダーに、部下は絶対についていきません。

つまり、部下ができない仕事をやってのけた時、初めて真のリーダーといえるのです。

「為せば成る為さねば成らぬ何事も成らぬは人の為さぬなりけり」など、上杉鷹山は数々の言葉を遺していますが、そのうちの一つに次のようなものがあります。

「してみせて、言って聞かせて、させてみる」

この言葉こそ、本来あるべきリーダーの姿を的確に表しているのではないかと思うのです。

臭い物には蓋をせず、自ら手を突っ込みなさい

何らかの問題を発見した時、大きなトラブルにならなければ、解決を先延ばしにする人がいます。しかし「たいしたことではないから、今は何もしなくていいだろう」と臭い物に蓋をしていると、後々になって大きなトラブルに発展してしまうので、注意せねばなりません。

顧客対応がいい例でしょう。

例えば、顧客からの問合せを３日も寝かせていた部下がいたとしましょう。その部下をＦさんとします。

Ｆさんの上司は、Ｆさんが対応を寝かしていることに気づき、口頭で「すぐにメールしなさい」と注意します。Ｆさんはすぐに対応し、顧客からクレームを言われることなく、事なきを得ました。

実はＦさんが顧客からの依頼事や問合せへの対応を寝かせるのは、今回が初めてではありませんでした。しかし、上司はＦさんとの間に波風を立てたくなかったため、気づいたら口

頭で簡単に注意する程度にとどめていたのです。

ところがある日、顧客から「他社に切り替えることにした」という連絡が……。慌てて先方の担当者に話を聞いてみたところ、なんとFさんの対応に日頃から不満が溜まっていたというではありませんか。もはや成すすべなく、大事な顧客を失うことになりました。

そこで上司はFさんを自席に呼び出し、「おまえの対応がまずかったせいで、顧客を他社に取られてしまったではないか！」と厳しく叱責します。Fさんは素直に「申し訳ございませんでした」と頭を下げたものの、内心は面白くありません。なぜなら何度か注意を受けたことはあったものの、今までに一度も顧客対応で叱責されたことがなかったからです。つまりFさんにしてみれば、上司の態度が突然変わったようにしか思えなかったのです。

そのことがきっかけでFさんは上司に不信を抱くようになり、数か月後に会社を去っていきました。

結果として、リーダーの「臭い物に蓋をする」という習慣によって、顧客と部下の両方を失うことになってしまったのです。

今話したようなことは顧客対応に限らず、「ヒヤリハット」と呼ばれる事故未遂の事象には、すべてに当てはまります。

「大ごとにならなかったから問題ない」と安易に考え、やり過ごしてしまう――そのような対応をする人は多いと思います。

しかしそれでは「トラブルの火だね」がくすぶっているのに気づいていながら、見過ごしているのと同じです。放っておけば必ず大きな火事に発展します。

自浄作用などに甘い期待を寄せてはいけません。自分で自分の問題に気づき、自ら直そうと努力する人間など、どこを見渡しても存在しないからです。だからこそ、たとえ小さな問題であっても先送りにしてはならないのです。

「小さなことで部下、会社、顧客と波風を立てたくない」と考えるのは、単なる「逃げ」に過ぎないと心得てください。リーダーが逃げ腰では部門は絶対に良くなりません。

ですから、問題に気づいたその場で、寝た子を起こしてください。腫れ物にも触ってください。多少の軋轢や痛みはあって当たり前です。そうしなければ、後々必ずトラブルが降りかかってきます。


先に挙げたような依頼事や問合せを寝かせてしまう部下がいれば、どのような経緯で寝かせてしまうのか、きちんと探らねばなりません。

ただの怠慢だったということもあるでしょう。それとも「雑用はその場で。作業はその日のうちに」という習慣が身についていないのかもしれません。はたまた、すぐに対応できないほど、多くの業務を抱えているのかもしれません。

原因がはっきりすれば、部下への対処もおのずと決まるはずです。

怠慢が原因であれば、仮に大きなトラブルにならなくても、しっかりと叱責すべきです。良い習慣が身についていないようであれば、口うるさく日頃から指導しなくてはいけません。もし業務量が多すぎるということであれば、上司であるあなたが仕事の配分を再検討する必要があると言えます。


このように、**どんなに小さな問題であろうとも、一歩踏み込んで根本から解決するよう心がけることが大切です。**

「たいしたことない」や「ヒヤリハット」が発生した時こそ、問題解決の絶好機です。積極的に臭い物に手を突っ込み、きれいさっぱりと解決するようにしましょう。

東西南北からの視点で決断

優れたリーダーに欠かせない資質の一つが「決断力」です。

正確な決断ができる人間でなくては、部門を良い方向へ導くことはできません。

では、正確な決断をするための心がけとは、いったい何なのでしょうか?

それは**一方的な物の見方ではなく、東西南北のあらゆる角度の視点から検討し、結論を下すこと**です。


例えば、新たな業務システムを外部から調達することになったとします。

その際に、機能の要件を満たしているからといって、安易に価格だけで決めようとする人がいますが、それは間違っています。

性能、価格、納期、アフターサービス、商品・サービスの継続性の5つの視点から総合的に結論を下さねばなりません。管理画面は誰でも使いやすいか、将来的に利用者数の増加や利用範囲の拡大が生じた場合でも対応できるか、開発業者の事業継続性に問題はないか、など、多角的な視点で複数のサービスを比較検討し、結論を下さねばなりません。

そうすることで、様々なリスクを回避できるからです。目先のことばかりに気をとられているると、いざ利用がはじまった途端に様々な不都合が生じて結局は損することを忘れてはいけません。

例えば、外資系のシステムを導入したが、その企業の極東マーケット撤退が決まり、わずか数か月でリプレイスを余儀なくされた。ベンチャー企業のサービスを取り入れたが、そこが倒産してしまい突然利用できなくなった、などが挙げられます。

社内制度についても同じです。

社員が安心して業務に取り組めるように新たな制度を設けることは、決して悪いことではありません。しかし、「世間で流行しているから」という安易な理由だけで導入を進めてはいけません。

その制度を設けることで生じるメリットとデメリットをすべて挙げだし、それらを天秤にかけて慎重に検討すべきです。

先にも述べましたが、テレワークは分かりやすい例でしょう。

通勤時間の削減による育児や介護、子どもの送迎、プライベートなどの時間の有効活用といったメリットがある一方で、上司や先輩に相談しづらい、同僚とのコミュニケーション不足による孤独感、細やかな指導が受けられない、さらには、上司の目がないためサボり癖がつきやすくなる、情報漏洩のリスクが高まるなどのデメリットも数多く存在します。

これらすべてを考慮に入れたうえで、社員全員が選択できるようにするか、介護や子育てなどの特殊な事情がある社員に限定して選択できるようにするか、社員全員が選択できないようにするか、を決めなくてはいけません。

検討に検討を重ねた結果、私の経営する会社では、「社員全員に適用するにはデメリットの方が大きい」と判断し、「介護や子育てなどの特別な事情のある社員に限定して選択できるようにする」としたのです。そのかいもあってか、現場に大きな混乱が生じることはありませんでした。

一方で、とあるアメリカのＩＴ企業では、積極的にテレワークを取り入れたものの、時間の経過とともにデメリットの方が大きくなり、一斉に出社に切り替えたことで多くの退職者が出てしまったことがニュースになっていました。

このような事態に陥らないためにも、新たな制度を採用する前に東西南北の視点で検討しなくてはならないのです。

現代は「ＶＵＣＡ（ブーカ）の時代」と言われています。

「ＶＵＣＡ」とは「Ｖｏｌａｔｉｌｉｔｙ（変動性）」「Ｕｎｃｅｒｔａｉｎｔｙ（不確実

性）」「Ｃｏｍｐｌｅｘｉｔｙ（複雑性）」「Ａｍｂｉｇｕｉｔｙ（曖昧性）」の頭文字を取ったもので、先行きが不透明で予測が困難な状況を言います。

新型コロナウイルス感染症の流行、ロシアのウクライナ侵攻、大雨や大地震といった自然災害など、誰も予想だにしなかったことが次から次へと起こる時代です。それらが起こるたびに、ビジネスの世界にも大きな変化が生じます。

もし時代の変化に順応できず、部門の成績が落ち込んでしまっても、それを周囲や環境のせいにすることはできません。すべてあなたの責任です。

ですから、いかなる変化が生じても正しい決断ができるように、日々の業務から東西南北の視点で結論を下すことを心がけましょう。

難題はもつれた糸をほぐすように

「決断力」と並んでリーダーに必要な資質が「問題解決力」です。

とくに難題に直面した時こそ、その人の「問題解決力」が問われるのは言うまでもないでしょう。

私の前著『あなたのビジネスライフは入社3年で決まる』では、難題に直面した際の心がまえを次のように述べました。

「快刀乱麻《かいとうらんま》を断つように一気に解決しようとする人がいますが、それは間違っています。もつれた糸をほぐすように一つ一つ丁寧に解決していかなくてはいけません」

そのうえで、「細かい部分まで一つ一つ丁寧に、上司にチェックしてもらいながら解決していくことを徹底しなくてはいけません」としました。

確かに部下であれば、上司に相談しながら進めていくことができるでしょう。しかしリーダーはそういうわけにはいきません。すべて自分で考え、自分の力で進めていかねばなりません。

また、部下の直面する難題が目の前の業務に関することであるのに対し、リーダーの場合は部門全体で抱えている問題や経営の課題など、難題の大きさと複雑さが段違いに変わってきます。

そうは言っても、解決方法は変わりません。もつれた糸を解きほぐすように問題を細かく分析し、作業手順を動作レベルで設計したうえで、端折らずに一つ一つ丁寧に進めていくことしかないわけです。

中でも「問題を細かく分析すること」が非常に重要であるのは言うまでもありません。そもそも分析が間違っていると、いくら丁寧に作業したところで、すべて無駄になってしまうからです。

ですから、まずは必要な情報をくまなく収集することからはじめてください。

そして、集めた情報を東西南北の視点で分析します。

そうすれば「問題の本質」が浮き彫りになってくるはずです。そのうえで、現実に即した解決策を練り、作業手順を設計すればよいのです。

もちろん、最初の計画通りにすんなりと解決するとは限りません。むしろ、1度や2度の挫折は当たり前のように起こるでしょう。そんな時は、すぐに分析を見直し、計画を改善してから、作業を再開せねばなりません。

それを何度も繰り返すことで、ようやく難題を解決することが可能となるのです。

事故対応がよい例です。

Ｗｅｂ制作の現場では、「作ったシステムが動かない」という事故が時折発生します。たいていの場合、プログラムの記述が一部分誤っていたことが原因で、該当の箇所を修正することで不具合は解消されます。

しかし、不具合が解消されたからといって、それで終わらせてしまっては、単なる「表面的な対処」に過ぎません。同じような事故が近いうちに再び起こるのは火を見るよりも明らかです。

ですから、「問題の本質」を探らなければなりません。「なぜプログラムの記述を誤ってしまったのか」をリーダーが中心となって調査すべきだと言えます。

その際、往々にして「作業者の能力不足が原因」と断定して、それ以上の原因究明をしない人がいますが、とんでもない誤りです。

それでは、部下個人に原因を押し付けたまま、「問題の本質」から逃げていると思われても仕方ありません。

Webシステム開発であれば、作業依頼者が伝えた要件に不足はなかったか、設計書は要件通りに作られていたか、その設計書には必要な機能が漏れなくフロー図で書かれていたか、プログラムはフロー図に合わせて一つ一つ端折らずに記述されていたか——これらを細かくチェックすれば、おのずと「本当の問題」が浮き彫りになるはずです。さらに、浮き彫りになった「本当の問題」を予防する手立てが講じられているか否かも確認すべきでしょう。

たとえ大きなトラブルに発展しなかった事故であっても、今説明したように、東西南北の視点で事象を掘り下げれば「問題の本質」は必ず明確になります。リーダーはそれらを丁寧に解決していかねばなりません。

このように、「問題の本質」を解決するためには大きな労力を伴います。そのため、未熟なリーダーほどそこから目を背け、「表面的な対処」に終始しているのが現実です。

しかしそれでは組織は一向に良くなりません。「その場しのぎ」を繰り返すだけで、いつか必ずボロが出ます。

いつまでたっても同じようなトラブルが絶えない組織、顧客がなかなか定着しない組織、社員が次から次へと辞めていく組織、まったく成果があがらない組織などのリーダーが当てはまります。

その一方で真のリーダーは「問題の本質」に対して、真っ向から挑みかかります。驚くほど地味で細かな分析をもいとわず、着実に解決を図っていきます。絶対に目をそらしません。なぜなら**真のリーダーは、いかなる難題であっても、もつれた糸を解きほぐすように対応すれば、必ず解決できることを知っている**からです。

多少時間がかかるのは当たり前です。功を焦ってはいけません。途中で投げ出してもいけません。愚直な姿勢を貫き通した人だけが、「問題の本質」を解決に導き、成果のあがる組織を作り上げることができるのです。

胆識を鍛えろ

「胆識《たんしき》」とは、豊富な知識と深い見識に基づいた現実処理能力のことを言います。

前著でも私は「胆識」を鍛えることの重要性を述べました。その内容と一部重複しますが、リーダーにとっては大切な心構えなので、ここでもお話ししておきたいと思います。

まずは「知識」についてです。

説明するまでもありませんが、リーダーに求められる知識は、部下とは比較にならないほど、広く、深くなくてはなりません。

業務に必要な知識や業界知識は当然のこと、世の中全体の動き、市場のトレンド、競合会社のサービスや経営状態、関連法規、最新技術など、幅広い分野の知識を有しておく必要があります。

無論《むろん》、これらの情報は日々アップデートされますから、新聞を毎日読み、暇さえあれば信頼性の高い専門メディアに目を通す習慣を身につけておく必要があります。

いつなんどき、それらの知識が試される時がくるかは分かりません。とくにリーダーともなれば、社内の人間のみならず、外部の方々と接触する機会も少なくないでしょうから、商談前後の何気ない会話で、普段から知識をアップデートしているか否かはすぐに明らかになります。

もしあなたに「リーダーとしてふさわしい知識がない」と相手に伝われば、その時点であなたに対する信頼は損なわれるでしょう。下手をすれば商談や交渉が失敗に終わる要因にもなりかねません。

ですから、リーダーになったからといって、そこで勉強する手を緩めるのではなく、誰よりも貪欲に知識を得るよう心がけなくてはならないのです。

次に「見識」です。

見識とは法律やルールに定められていなくても順守すべきビジネスの常識のことを言います。具体的には「商談相手は決裁者であるべき」や「見積は複数の相手から取るべき」といったものです。

見識についても部下と同じレベルでは困ります。だからと言って、巷のビジネス本を読んで知った気になってはいけません。ましてや自席にこもってパソコン画面ばかり見ていても見識は絶対に身につきません。

見識は自分の目で見て、耳で聞いて、ようやく身につくものです。したがって、積極的に外の世界に触れて、世間からいろいろなことを学ぶようにしましょう。

最後に「現実処理能力」です。

すなわち、会社の置かれた状況、自分の立場、相手の要求などの現実に合わせて、適切に問題を処理するための能力になります。この現実処理能力が顕著にあらわれるのは、お客様や外注業者との交渉を行う時でしょう。

もしあなたが、交渉が不得手ならば、現実処理能力が劣っているからと考えて間違いありません。

では、どのようにすれば交渉を上手に進めることができるのでしょうか？

それは「相手の立場に立って物事を考えること」です。つまり、交渉が上手くいかないのは、自分の都合だけを考え、自分の主張ばかりを並べているからです。

例えば、外注業者に価格交渉するとしましょう。

窓口となっている営業に対して、ただ単に「値引いてくれ」と要求を突き付けても上手くはいきません。こちらの主張が強くなればなるほど、相手との関係は悪化し、より価格交渉は難しくなってしまいます。

そのような事態に陥る前に、まずは窓口となっている相手のポジションをチェックしてみてください。仮に「一般社員」であれば、交渉を続けてもまったくの無駄です。なぜなら彼らには裁量がまったくない、あったとしても限られているからです。

したがって価格交渉にあたっては、裁量権のある営業部長や役員レベルの方を相手に指名しなくてはいけません。

次に、相手がいつまでに契約をまとめたいのかを探ります。とくに決算月はどの会社であっても売上がほしいのは当たり前なので、決算月の月末に近ければ近いほど価格の交渉が利きやすくなるはずです。

そうでなくても「月末までには契約が欲しい」と考えるのは常識ですから、月の上旬から交渉を開始したのであれば、じっくりと時間をかけて進めていくことがポイントとなります。焦って1日でも早く交渉をまとめようとすればするほど、相手の思い通りに事が進んでしまうと考えてください。

そして、価格を交渉する際は、一方的に「値引いてくれ」と要求するのではなく、相手を立てるような条件をつけるとよいでしょう。例えば「この値段にしてくれれば、即決して、他社に断りを入れます」といったものです。そうすれば相手も値引きをする大義名分ができるため、前向きに検討できるからです。

このように、適切な相手に対して適切な進め方を心がければ、難しい交渉でも上手くまとまるものです。それを可能にするのが、相手の組織や業界に関する知識、ビジネスの慣例などの見識、そして柔軟な交渉を可能にする現実処理能力なのです。

胆識を鍛えるには、先に挙げた交渉などの「場数」を踏むより他ありません。

もちろん、はじめは何度も失敗を繰り返すでしょう。時にはお客様から厳しく叱責されることもあると思います。しかしそのような経験をしたからといって、決して挫けてはいけません。泥水をすするような経験を重ねることで、リーダーとしての厚みが増し、胆識が鍛えられるものだからです。

すべての経験が自らの肥やしとなります。ですから、難しい局面ほど自ら先頭に立って対処するようにしましょう。

鳥の目、虫の目、魚の目

第1章の「現地・現物・現認。現場は嘘をつかない」の項で、現場に出て、部下の仕事を細かくチェックすることの大切さを述べました。しかしその一方で、部下と同じ視点で物事を見ることしかできないリーダーのもとでは、部門の成果はあがっていきません。

では、どのような視点を持たねばならないのでしょうか？

それは次の3つになります。

- 鳥の目：空高く舞った鳥が地上を見渡すように、広い視点で物事を俯瞰してみる目
- 虫の目：地面を這う虫が複眼で見るように、細部にわたって様々な角度から観察する目
- 魚の目：海を泳ぐ魚が潮の流れを見るように、時流を敏感に察知する目

これらの視点のうち、一つでも欠ければ部門の成果があがらなくなってしまうのは、いったいなぜなのか、具体的な例を挙げて説明します。

例えば、いつも業務が溢れている部門があったとします。その部門に、現場の叩き上げで出世した若いリーダーのGさんが赴任してきたとしましょう。

業務遂行能力に長けたGさんは、部門を正常の状態に戻すために、現場を回すことに集中しました。つまり、部下に交じって毎日夜遅くまで業務をこなしていったのです。

部下たちは「仕事のできる人だ」と、Gさんのことを慕い、長い残業が続いても文句一つ言いませんでした。

はた目では、Gさんのおかげで業務が回り始めていたように見えたでしょう。しかし、それもはじめの数か月だけでした。

Gさんは仕事ができて、リーダーとしての自覚もあるので、忙しい日々が続いても疲れを感じさせない働きをしていました。ところが、Gさんの知らぬところで、部下はみるみるうちに疲弊していきました。

そうしてついに、部下の一人が、体調を崩して退職することになったのです。

その後、人員が補充されたものの、Gさんがつきっきりで1から教育しなくてはいけません。そうなれば他のメンバーにしわ寄せがいくのは当然です。

部下にしてみれば「人が増えても仕事が減らない」という悪循環。退職者は後を絶たず、部門全体でミスが多くなり、大きな事故がたびたび発生するようになってしまいました。

なぜGさんのやり方は上手くいかなかったのでしょうか？

それはGさんが「虫の目」の視点しか有していなかったからです。すなわち、目の前の業務をさばくことしか目に入っていなかったことが原因と言えます。

そのような事態に陥らないためにも、「鳥の目」と「魚の目」の視点が重要なのです。

具体的には「現有勢力でより多くの仕事をこなせるようになるためにはどのようにすればよいのか？」を探るために、「鳥の目」の視点で部門全体を見渡す必要があります。

そうすれば、業務全体の工程の中で、属人的になっている作業や、流れが滞っている作業などのボトルネックが明らかになるでしょう。

次にそのボトルネックに対して、標準化、自動化、効率化を図ります。

そこで大切になるのが「魚の目」の視点です。つまり、世間一般の企業では同じ課題をどのように解決しているかを調査します。調査を続けていくうちに、自部門にマッチした解決方法が自然と見つかるはずです。


このように「虫の目」、「鳥の目」、「魚の目」を使って対策を立てることで、結果的に部門全体の処理能力が向上することになります。部下の残業時間も減り、人が定着するようになるでしょう。好循環が生まれ、成果のあがる部門を作り上げることができるのです。

今挙げたのは「虫の目」の視点しか持っていない人の例でしたが、中には「鳥の目」や「魚の目」の視点が強すぎるリーダーもいます。

「鳥の目」しか持っていないリーダーは、大局ばかりに気を取られ、現場は部下に任せっきりとなります。それでは、部門の問題を正確に把握できず、打つ手はいつも的外れで、かえって現場を混乱させることになるでしょう。

「魚の目」の視点が強すぎるリーダーの下で働く部下は、さらに大変です。世間の流行ばかりを追いかけ、目新しいものがあれば、すぐに自分の部門に当てはめようとします。そのたびに部下は新しいやり方を覚えなくてはなりません。下手をすれば、ようやく新しいやり方に慣れたところで、再びやり方をガラッと変える、ということすらあり得ます。そうなると、部下はいつも上司に振り回されることになるでしょう。

その一方で「虫の目」と「鳥の目」は持ち合わせていても、「魚の目」の視点がないリーダーもいます。つまり、今までのやり方に固執し、時流を見ようとしない人です。それでは世間から取り残されて、やがて淘汰《とうた》されることになります。

とくに、技術、工期、価格、デザインなどのトレンドの移り変わりが早いＷｅｂ業界は、その傾向が顕著です。

下手をすれば、昨年トレンドになっていたことが、今では「もう古い」と言われてしまうケースすらあります。ですから、少しでも気を抜くとサービスの競争力低下につながり、顧客離れの要因となります。

リーダーは常に「魚の目」の視点で業務システムやワークフローをアップデートし続けなければ、厳しいビジネスの生存競争で勝ち残ることができなくなってしまうのです。

今の説明からも分かる通り、どの視点もバランスよく兼ね備えることが大切です。

現場、大局、時流の３つを常に視野に入れながら、後手に回らず、常に最善策を先手で打つように心がけていきましょう。

浮利を追うな

「浮利を追うな」とは、「真っ当ではない方法で、目先の利益を追いかけてはならない」ということです。

では、「真っ当な方法」とは、いったいどのような方法なのでしょうか？

それは、**お客様の利益を第一に考えて、最大の顧客満足度を追求したサービスを心がけること**です。そんなことを言うと、当たり前のように聞こえるかもしれません。ところが現実はどうでしょうか？

残念ながら、「真っ当ではない方法」のビジネスが横行しているのが実情です。

M&A仲介業者が良い例でしょう。

私の元には毎週のように彼らからダイレクトメールが届きます。その内容は「弊社の顧客の中で、御社を譲り受けたいという企業があります」といったようなもので、中には毛筆で書かれた手紙を送ってくるような人もいます。

しかし、この手の手紙の内容は十中八九「嘘」です。彼らにしてみれば、企業は「商品」にすぎません。ですから、「買い手」……すなわち優良な「顧客」を得るのに、「商品」のストックを増やすためだけに、先のようなダイレクトメールを何千社と送りつけているのです。つまり、「最初から買い手などいない」ということです。

さらに、それだけではありません。

仮にM&Aが成立した場合、買収された会社の社員の中には、リストラによって早期退職を余儀なくされる人や、これまで積み上げてきたキャリアがリセットされてしまう人もいるでしょう。程度の差こそあれ、すべての社員の人生に何らかの影響を与えるものです。

しかし、M&Aの仲介業者にとって、買収された会社の社員の人生がどうなろうとも、知ったことではありません。

なぜなら彼らの利益は、契約が成立した際に発生する仲介手数料だからです。一般的な仲介手数料は企業買収額の３~５％程度で、そのうち仲介手数料の10％~30％程度がインセンティブとして営業員に支給されます。したがって、買収額が10億円、仲介手数料が５％、インセンティブが20％の場合、営業員には１０００万円が支給されることになります。

M&A仲介業者の営業員の年収が一般企業に比べて群を抜いて高額なのは、このインセンティブが非常に大きいからです。ただし、一部の大手M&A仲介業者を除き、ベースの給与は一般企業よりも低い傾向にあります。例えば某業界大手では、社歴に関係なくベースの給与は一律で、年収400万円前後となっています。中小企業であれば、なおさらベースの給与が低いのは想像に難くありません。

つまり契約が1件も取れなければ、月並みの生活すらままならなくなります。ですから、他人の人生など気にしている余裕は微塵《みじん》もなく、1件でも多くのM&Aを成立させることしか頭にないわけです。

すべての仲介業者がそうではないかもしれません。しかし少なくとも、相手企業の素性すらよく知りもせず、勝手にダイレクトメールを送りつけてくるような業者は、「真っ当な方法」で商売しているとは言えないと断言してよいでしょう。

転職エージェントも同じです。

彼らは「あなたのことをスカウトしたがっている企業がある」と、さも当たり前のように言いますが、そんなのは真っ赤な嘘。まともな会社が、相手の素性をろくに知りもしないで、経歴だけを見てスカウトすることなど、まずあり得ません。

しかし、多くの若者はビジネス社会の現実を知りませんから、転職エージェントの煽り文句にいとも簡単にだまされ、軽い気持ちで彼らの運営する転職サイトに登録してしまいます。

転職エージェントの言葉に従ったものの、「前職よりも条件の悪い会社に転職してしまった」とか、「転職先がブラック企業だった」というのは、よくある話です。

それでも、転職エージェントは仲介手数料を得ることができれば良いわけですから、安易な転職によって若者が転落の人生を歩もうが、まったく関係ないわけです。

もちろん、すべての転職エージェントが悪質というわけではありません。しかし、その多くが、自社の利益だけのために、若者の人生を食い物にしていると言っても過言ではないのです。

この他にも、必要以上に高額な契約を結ばせようとする保険会社、巧妙な手口で地主から買った土地に欠陥アパートを建てる不動産会社、その日のうちに高額な契約をするまで強硬に迫るエステ店など、世の中には「真っ当ではない方法」でビジネスをする会社が後を絶ちません。

とは言え、「真っ当ではない方法」で利益を得ようと考えて入社する新入社員は、誰一人としていません。皆一様に、お客様と良好な関係を築きながら利益を得ることに希望を抱いて入社してくるはずです。

ではなぜ、そのような純粋な若者たちが「真っ当ではない方法」に手を染めるようになってしまうのでしょうか？

それは、「成果」に基づいて人事評価をする、いわゆる「成果主義」の会社が多いからです。コロナ禍以降、大手企業を中心に普及が進んでいる「ジョブ型雇用」の普及も、「成果主義の拡大に拍車をかけている」と言っても過言ではないでしょう。その証拠に、2021年にパーソル総合研究所が公開した「ジョブ型人事制度に関する企業実態調査」によると、ジョブ型の導入を検討または導入済みの企業426社のうち、実に65％以上が、「ジョブ型の導入の目的・狙い」として「従業員の成果に合わせて処遇の差をつけたい」と回答しています。

会社が期待した通りの成果をあげなければ、評価されず、給与も上がらない。同僚たちと比べられ、会社に居場所がなくなる……。こんな状況に追い込まれれば、誰でも「どんな手を使ってでも成績をあげたい」という考えに流れてしまうのは仕方のないことです。そうして、何度も「真っ当ではない方法」を繰り返していくうちに、感覚が麻痺してしまうわけです。

一度、感覚が麻痺してしまうと、もう二度と真っ当な人間に戻ることはできません。未来ある若者の一生を台無しにしてしまいます。だからこそ、私の経営する会社では、社員にノルマを与えず、成果主義を徹底的に排しているのです。

ここで一つ覚えておいてください。

「真っ当ではない方法」で目先の利益ばかりを追っていると、必ず痛いしっぺ返しにあいます。

不正行為が発覚し、社会問題になった企業がいくつもあるのを、あなたもニュースを通じてよく知っているでしょう。

もし不正が明るみに出なかったとしても、「真っ当ではない方法」ではお客様との信頼関係を結べませんから、長期的な付き合いが期待できず、その場限りの利益に終始することになります。それでも新規契約が取れるうちは、よいかもしれません。しかし悪い評判は確実に業界内で広がります。そうなれば、そのうち契約が取れなくなるのは明らかです。

つまり、「真っ当ではない方法」で商売するような会社は、社会から確実に排除されるようになっているのです。

目先の数字が欲しくなる時は確かにあります。とくに成績が芳しくない時期は余計でしょう。しかし焦らないことです。お客様の不利益につながったり、信頼を損ねるようなことにつながるならば、「契約を手放す勇気」をリーダーは持たねばなりません。

お客様の利益と満足をどこまでも追求した先に、自分たちの利益があるのです。

だから浮利を追わないこと。そして、部下に浮利を追わせないこと。

目先の利益に走らず、お客様の利益を追求するプロセスの構築と実行に全力を注ぐようにしましょう。

利他の心

ビジネスで「浮利を追わないこと」と同様に心がけてほしいのは、「自分の利益だけを追求しないこと」です。すなわち、**自社とお客様の互いが満足する、Ｗｉｎ－Ｗｉｎの関係を築くことを心がけなくてはいけない**、ということです。

先に例として挙げたＭ＆Ａについて言えば、自社の利益だけのために相手の会社を吸収するようなことは好ましくありません。

現代はＭ＆Ａによって企業規模の拡大と価値の向上を推し進めていく風潮があります。しかし、自分たちに必要なものだけを相手企業から得たら、パッと切り捨てるようなＭ＆Ａに、私はまったく同意しません。

そうではなく、他にはない優れた技術を持っているが、「経営者の後継者がいない」とか「販売力に欠ける」などの深刻な課題を抱えている企業に対して、「良いマーケットを持っているが、事業拡大のために必要な技術は有していない」という課題を抱えた企業が買収を持ちかけるのは、互いにとってメリットのある「良いM&A」と言えます。

また、転職についても同じです。

転職エージェントにとって「人材」は「商品」ですから、2回転、3回転した方がよいと言えます。なぜなら、人材が転職を繰り返すたびに、仲介手数料を得られるからです。

そのため、自分の利益のことしか考えていないような転職エージェントは、ミスマッチを起こす恐れのある会社をあえて紹介しようとします。

実際に、私の知り合いには、勤めていた会社が倒産した折に転職エージェントから、これまでの経歴とはまったくかけ離れた企業を紹介されたことがあったそうです。他と比べると年収が高く、その場では魅力的に感じたようですが、回答を保留してからよく調べてみたところ、過酷な成果主義が原因で離職率が非常に高いことで有名な会社だったようです。

転職エージェントの仲介手数料は紹介先企業の年収に比例して高額になりますから、自分の利益のために、ミスマッチを承知のうえでそのような会社を紹介したことは想像に難くありません。

一方で、転職希望者の性向や能力などをつぶさに把握したうえで、その人材が活躍できそうな企業を紹介する転職エージェントであれば、どうでしょうか？

紹介した人材の定着率が良くなるため、目先の利益は得にくくなるかもしれません。しかし、「紹介先企業」と「転職希望者」の双方が満足するでしょう。結果として、紹介先企業との取引は継続され、転職者の前向きな口コミによって新たな転職希望者を得ることにもつながるはずです。

今の例からも分かる通り、**自分の利益ではなく、相手の利益を追求するビジネスをした方が、長い目で見れば、自社に大きな利益がもたらされることになる**のを忘れてはいけません。これが「利他の心」です。

「利他の心」は、何も対外的なビジネスに限ったことではありません。つまり、社内の業務についても同じことが言えます。

例えば、業務フローの改善や新たなシステムの導入を検討する際には、自部門だけの負担が軽減され、他部門にしわ寄せがいくようなことがあってはいけません。

また、他部門からあなたの部門に作業や調査の協力を要請されることもあると思います。そのような場合は「自分たちには関係ないから」といって、非協力的な態度を取らないようにしてください。自部門の課題を解決するのと同じように、他部門の課題に対しても主体的に取り組み、協力し合う姿勢が大切です。

全社的な視点の行動を心がけることで、回りまわって自部門の利益につながるだけでなく、あなた自身の視野が広がり、リーダーとしての資質を鍛えることになるのです。

言うまでもありませんが、部下に対しても同じです。

お客様や他部門には素晴らしい対応を心がけていても、部下のことを軽視するような態度では、尊敬される上司には絶対になれません。むしろ「あの人は相手によって態度を変えるのか」と、部下の心が離れる要因にもなりかねないので注意が必要です。

自分のことはすべて後回しでよいのです。

なぜなら、お客様、他部門、部下など、目の前の相手に新たな価値を与えることができれば、必ず自分の利益となってはね返ってくるからです。

目先の利益にとらわれず、自身のあらゆる行動に対して「他人の利益にかなうものなのか」を第一に考える習慣を身につけましょう。

「浮利を追わず、利他の心を持っている人」は、「誠実な人間」と言えます。そして、「誠実な人間」であることが、優れたリーダーに欠かせない資質の一つなのです。

夏が暑いのも、冬が寒いのも、すべて自分のせい

言うまでもありませんが、気温40度近くの猛暑日が続くことや、大寒波の襲来で大雪が降ることは、誰の責任でもありません。しかし、大雪が降ったことで電車が止まり、それが原因で部下が出社できずに、大事な商談に遅刻するなど、お客様に迷惑をかけてしまったら、その責任は誰にあるでしょうか？

言うまでもなくリーダーにあります。

気象予報を細かくチェックし、大雪の見込みを把握した時点で、商談を延期するなどの手を打てばリスクヘッジができたはずです。

つまり気象現象すら、「自分の責任だ」ととらえるくらいに、強い責任感と主体性を持つことが、リーダーの基本的な心がけと言えます。

したがって、**あなたの部門で起こった事象は、たとえあなたが関わっていなかったとしても、すべてあなたの責任です。**

例えば、部下のケアレスミスで事故が起き、お客様にご迷惑をかけてしまったとしましょう。そのような場合であっても、事故が起こったのは上司であるあなたの責任です。ですから、率先して現場とお客様の対応に当たるのは当然のことです。

「自分のミスは自分でカバーしなさい」と言い放ち、部下に対応を丸投げするのは、リーダーとして失格と言わざるを得ません。

部下がケアレスミスをしてしまったこと自体に、強い責任を感じるリーダーであれば、部下が同じようなミスを繰り返さないよう、セルフチェックが習慣になるまで指導したり、細かい動作レベルまで標準化を進めたりするでしょう。

事故やトラブルだけではありません。部門の成績についても、同様のことが言えます。長いことビジネスを続けていれば、なかなか思い通りに成績が上がらない時期もあります。そんな時に、周囲の環境、お客様、部下など、自分以外のことに責任をなすりつけてはいけない、ということです。

例えば、突然お客様から契約の打ち切りを告げられたとします。

窓口となっている部下の対応に問題はなく、お客様との関係も良好。成果についても、お客様から概ね満足いただけていました。それでも、先方役員からの鶴の一声で業者の切り替えが決まった――「お客様の都合だから仕方ない」と思えるかもしれません。

しかし、リーダーがそのように受け身の姿勢では、いつまでたっても部門が進化しません。以前からリーダー自らが先方のオフィスに赴き、キーマンとなっている役員と良好な人間関係を構築できていたのか。また業者切り替えの話が出た際に、現場から強い反対意見が出るくらいに、自社のサービスレベルを引き上げることができていたのか――リーダーが打たねばならない手は山ほどあったはずです。

先ほど「鳥の目、虫の目、魚の目の三つの目で、自部門を見なさい」と話しましたが、「日々の業務を回すのに集中し過ぎるあまり、広い目でお客様と自社のサービスを見ることができなかったから、突然契約を打ち切られてしまったのだ」と考えるのが、本来あるべきリーダーの姿と言えるでしょう。

「世の中の景気が悪いから自部門の成績が悪くても仕方ない」とか「自分は一生懸命やっているのに、部下がついてこないから仕方ない」と、成績が振るわないことを他のことのせいにして嘆くのは簡単です。誰でもできます。

しかし、リーダーがそのような姿勢では、厳しいビジネスの荒波を乗り越えることはできません。自部門がビジネスの荒波に飲まれれば、部下を路頭に迷わせることになります。あなたを信じてついてきた部下が不幸な目にあうのを、あなたは「それも仕方ない」と言って、黙って見過ごせるでしょうか？

私には知り合いに経営者が何人もいますが、「経営が上手くいかないのは社員の頑張りが足りないからだ」と考えている人の経営する会社が、ことごとく倒産に追い込まれているのは、紛れもない事実です。

全部、あなた自身の問題です。部門のすべてはリーダーで決まるのです。

どんなに強い逆風が吹いていても、びくともしない部門を作れるのは、リーダーであるあなたをおいて他にいません。

まずは、あらゆる「仕方ない」を排除してください。そして、部門のすべてに責任を負い、変化を恐れず、高みを目指して手を打ち続けることが大切です。

あなたが動けば、周囲は必ず変わります。周囲が変われば、成果も必然的に変わります。つまり、あなたが良い方向へ動けば、成果もあがるのが自然の道理なのです。

事故が減らないのも、成績が振るわないのも、すべてあなた自身の行動が足りないからだ——そのことをしっかり肝に銘じ、強い部門を作っていきましょう。

自分の後継者を育てて一人前

業務を標準化し、部下の指導育成を行うことで、成果があがり続ける部門を作り上げていく――これはリーダーに課せられた重要なミッションです。

しかし、そのミッションと同じくらい大切なミッションがあります。それが「自分の後継者を育てること」です。

市況は刻一刻と変化します。それに合わせて、会社も成長し、事業を拡大していかねば、ビジネスの荒波を乗り越えることはできません。

会社がより成長するためにも、適材適所を追求することが求められます。

組織に属している以上、あなたも例外ではありません。したがって、新たな部署への配置転換が遅かれ早かれ必ず生じるものだと、覚悟しておく必要があります。

そして、言うまでもありませんが、あなたが部門から抜けたとたんに、部門の成績がガタ落ちになるような事態に陥っては決していけないのです。

たしかに、あらゆる業務の標準化が済んでいれば、突然リーダーが抜けたからといって、日々の業務に大きな影響をおよぼすことはないでしょう。

しかし、先ほども話した通り、部門はリーダーがすべてです。どんなに優れた商品・サービスを有していても、そしていくら業務の標準化が進んでいようとも、リーダーが良くなければ、組織は良くなりません。必ずや衰退していきます。

ですから、あなたが抜けた後の部門の行く末は、あなたの次のリーダーで決まると言っても過言ではありません。

だからこそ、リーダーは自分の後継者を育てなくてはいけないのです。

では、どのようにして後継者を育てればよいのでしょうか?

まず釘を刺しておきたいのは、「一緒に仕事をしていれば勝手に育つだろう」という甘い期待を抱いてはいけない、ということです。

「背中を見て覚えろ」と考えているうちは、人は育ちません。

事細かに指導し続ける必要があるのを、決して忘れないでください。

次に、後継者育成にあたり、第一に考えるべき点は、「経営理念の浸透」です。言い換えれば、「社是の体現」となるでしょう。

あらゆる作業や判断において、その目的は「経営理念」に基づくものでなくてはいけません。例えば、私の経営する会社では「信頼」を経営理念としています。ですから、営業活動はもちろんのこと、あらゆる部門のすべての業務について、「信頼」を欠くようなことがないよう徹底しています。

もし経営理念に反した行動をしている部下がいたら、その場で指摘し、丁寧に言い聞かせねばなりません。

立派な大木には必ず立派な根が張っているように、人が大きく育つには、行動の根幹となる「理念」がもっとも大切なのです。性根が腐っていたら、いくら表面的に優秀な人間であっても、部門を背負って立つような人物には決してなれません。

リーダーは部下の行動をチェックする際に、彼らの行動の根幹部分をしっかりと見たうえで、そこが経営理念とずれていれば、しっかりと言い聞かせることを習慣化しましょう。

次に、リーダーが指導するべきことは、「ビジネスの基本動作」です。

仕事ができる・できない以前の問題で、人として、プロのビジネスパーソンとして立派な振る舞い＝「ビジネスの基本動作」ができなければ、次のリーダーにはふさわしくありません。

私の経営する会社では、「ビジネスの基本動作」を人事考課に取り入れており、上司が部下にしっかりと指導することを徹底しています。

具体的には、次のようなものです。

- 自分からの明るい元気な挨拶を心がける
- 清潔感のある身だしなみ、明るく、はきはきした対応、誠実で礼節をわきまえた対応
- 資料やデータを会社の保管ルールに従って取り扱う
- 事務処理などを正しい姿勢で行う
- 会社の定めた作業手順どおりに作業を進める
- 作業手順が定められていない作業は、動作や作業レベルまで細かく分解し、端折ることなく進める
- 目標や成果を達成するために、正しい手順を考案し、端折ることなく進める
- 自身が行った作業を、端折らずにチェックする
- 作業納期など、時間を厳守する
- 雑用はその場で、作業はその日のうちに、仕事は1週間で終わらせる
- 「ヒヤリハット」の報連相は即時に行う

- 裁量を伴う業務に対して、計画を立て、実行に移し、進捗を確認し、問題がある場合には、再度計画を立て実行に移すことを、目的が達成されるまで繰り返す
- 回ってきた帳票や成果物に不備・不明点があれば、自分で勝手に解釈したり直したりせずに、赤字を入れて差し戻す
- 帳票や成果物に不備を残さず、決められた期日通りに、後工程者に回す
- 作業手順、帳票、ワークフローの不備に対する改善や、未整備の作業手順書や帳票の作成、ワークフローの設計を積極的に取り組む
- 仕事に必要な専門知識は1年以内に、業界知識は3年以内に身につける
- 新聞は毎日、業務に必要な専門書や専門メディアは定期的に読む

先述の通り、「仕事」は何度も繰り返していれば、自然と覚えていきます。したがって、1日も早く仕事を覚えさせようとやっきになる必要はまったくありません。

その一方で、振る舞いは他人から指摘されない限りは、直らないものです。

したがって、次のリーダーが人として尊敬される人物になれるか否かは、あなたの指導にかかっているのを忘れないようにしましょう。

最後に、リーダーが指導しなくてはいけないのは「視点」です。

部下のミッションは、命じられた業務を正しく完遂することです。そのため、視野が非常に狭くなってしまうのは当然のことだと言えます。いわゆる「虫の目」しか持ち合わせていませんし、そもそも「虫の目」しか求められていないのです。

しかしリーダーになれば、全体を俯瞰して見渡す「鳥の目」と、時流をつかむ「魚の目」が必要になるのは、前述の通りです。

それらの「視点」をいきなり持てと言われても、一朝一夕に身につけられるものではありません。また自分から身につけることもできません。ですから、リーダーが事あるごとに口頭で教えていかねばなりません。

具体的に言えば、会社全体の方針や市場、業界、世の中の動きを毎日の朝礼や夕礼で言い聞かせることなどが挙げられます。

どんなことでも同じですが、1日や2日で人が育つことなどあり得ません。

家庭菜園と同じように、芽が出る前から水をやり、手塩に掛けて育てることで、ようやく収穫できるようになるのです。

ですから、リーダーはいつなんどき、自分が部門から離れてもよいように、日頃から後継者を育てることを意識して、部下と接するようにしましょう。

おわりに

経済産業省の発表によると日本の全企業数は約367万社。うち実に99%以上が中小企業です。

戦後、辺り一面焼け野原だった日本が、世界の大国と肩を並べるまでに経済発展を遂げることができたのは、ひとえに町工場などの中小企業で働く従業員たちによる労働のたまものと言っても過言ではありません。

高度経済成長期からバブル期にかけて、日本の中小企業は、己の技術とサービス力に磨きをかけ、互いに切磋琢磨してきました。その努力の結果、「ジャパン・アズ・ナンバーワン」と呼ばれるほどに日本は「モノづくりの先進国」としての確固たる地位を築いてきたのです。

ところが、日本は豊かになり過ぎました。いわゆる「中流家庭」が大多数を占め、よほどの事情がない限り、食うのに困ることはありません。

日本人は豊かさに慣れ、明日の食い扶持《ぶち》を確保するために、歯を食いしばって必死に努力するという風習はすっかり影を潜めてしまいました。バブル期には、むしろ「努力することはカッコ悪い」という風潮すら生まれてしまったのは、なんとも悲しい現実と言えます。

そんな中、バブルが崩壊し、その後もリーマンショック、新型コロナウイルス感染症の流行、ロシアのウクライナ侵攻と、予期せぬ事態による経済危機が頻発するようになりました。また、経済のグローバル化に伴い、生産拠点が中国や東南アジアにシフトするなど、ビジネスの構造そのものが大きく変わりました。

中小企業にとっては、まさに逆風の連続と言えましょう。

資本主義の原則に照らし合わせれば、企業は自身の生き残りをかけて、サービスの質を高め、新たなマーケットを開拓するなど、付加価値を見出す努力を間断なく行うことが求められる世の中になったのです。

かく言う、私の経営する会社も例外ではありません。幾度となくビジネスの厳しい寒風にさらされてきました。その度に、私は知恵を絞り、社員を叱咤激励し、勇気ある決断を何度も下して、危機を乗り越えてきました。顧客に恵まれたのも幸いしたのでしょう。おかげさまで、創業以来、1度も赤字を出したことはありません。

しかし、日本の現状はどうでしょうか。

政府は「国民生活を守るため」という大義名分を掲げ、何かにつけて中小企業に様々な支援金を施してきました。

その結果、確かに貧困にあえぐ人々は減ったかもしれません。しかし、その一方で、支援金で生き長らえる現状にあぐらをかき、本来行うべき努力すらしない企業が増えたのが現実ではないでしょうか。いわゆる「ゾンビ企業」と呼ばれる企業のことです。

その現実につられるようにして、私たち日本人の間にも、「生活に困れば政府が助けてくれる」という考え方が蔓延したことは否めません。少しでも気に食わないことがあれば、SNSなどを通じて痛烈な政治批判を繰り返すような人まで現れるようになりました。しかも、そのような人々が支持されているのが日本の悲しい現実なのです。

「他人に助けてもらって当たり前」という考え方のまま学校を出て、社会人になる若者のなんと多いことか。日々の業務で課題に直面しても、どこか他人事。主体性の欠けらも感じられない。上から指示されるまでは、たとえ目の前でお客様が困っていようとも手を差し伸べようとしない……それがもはや「当たり前の現実」であることを、世のリーダーたちは明確に認識せねばなりません。

さらに言えば、先頭きって部門を引っ張っていかねばならないリーダーの中にも、受け身的な姿勢が抜けきれない人が増えてきました。

私はその現実を非常に危惧しています。なぜならば、受け身的なリーダーが増えれば増えるほど、日本の経済が弱くなるのは明白だからです。

では、なぜ受け身的なリーダーが増えてきたのか――それは「責任を逃れたい」とか「面倒なことはしたくない」という考え方が、世の中にはびこっているからです。


主体性を持って課題に取り組むことは、責任を伴います。

失敗すれば、その責は自分が負わねばなりません。

もしかしたら、これまで「当たり前」と考えてきた価値観とは180度違っているかもしれない。それでも、あなたたちリーダーは、あらゆる困難に自分から立ち向かっていかねばなりません。

「もっと上の人が何とかしてくれるだろう」と考えていたら大間違いです。

失敗したっていいではありませんか。その都度、泥臭く頭を下げたとしても、役員から叱責されたとしても、一時の恥に過ぎません。

それよりも、受け身的な姿勢を続けることの弊害の方が遥かに大きいことを忘れないでください。

「自分こそが、この会社を大きく成長させるのだ」という気概を持つくらいがちょうどいいのです。そのような情熱と覚悟を持って何事にも向かっていますか？

「上から指示されたこと以外は何もしなくていい」と甘く考えていませんか？

今一度、自問自答していただきたいと思います。


さらに。

本著の中で私は「魚の目」を持つことの重要性を説きました。つまり、時流を正しく読み解き、臨機応変な対応が大切だということです。

その一方で、SNSの影響もあり、世の中の風潮に踊らされる若者が増えています。「テレワーク」が良い例でしょう。本著の中でも、「テレワークでは人は育たない」と言いましたが、こと新入社員のテレワークについては、百害あって一利なしと断言できます。

しかし世の若者はそんなことは微塵も知りません。つい先日も「御社では新入社員のうちからテレワークできないので辞退させていただきます」と言って、内定を辞退してきた就活生がいましたが、これからの彼の苦労を思うと残念でなりませんでした。

その他にも、「キャリアアップの転職」や「ジョブ型雇用」に憧れる若者なども少なからず存在しているのが現実です。

しかし、この際はっきり言っておきますが、テレワーク、キャリアアップの転職、ジョブ型雇用といったものは、日本のビジネス習慣には合いません。ですから、それらの風潮に踊らされて、将来を選ぶと痛い目にあうのは当然なのです。

したがって、時流に合わせて変えねばならない部分と、普遍的に変えてはいけない部分を見極める目をリーダーは持たねばなりません。

そして、その視点をビジネスの現実を知らない若者たちに正しく伝えていくことも、リーダーの大切な役割であることを忘れないでください。

リーダーの視点がブレれば、部下の視点もブレます。そうなれば部門は良くなりません。ですから、まずは自分の見識を高めたうえで、時流を正しく読み解けるよう、努力していただきたいと思います。


最後に。

ここ数年で、大企業がこぞってサステナビリティやSDGsを打ち出すようになりました。しかし、本気で気候変動や環境保護に取り組んでいる企業が、はたしてこのうちどれくらいあるでしょうか?

私は「ほとんどないのではないか」と考えています。つまり、表向きには「自分たちは環境のことを考えてビジネスをしています」と言っておきながら、裏では自社の利益のみを追求する、言ってみれば「偽善企業」が増えているように思えてならないのです。

それは何も企業に限ったことではありません。

表向きでは耳当たりの良いことを言っておきながら、裏では自国の利益しか考えていない「偽善国家」も増えてきました。

そして、人も同じです。

SNSでは良い人を演じておきながら、裏では自分のことしか考えていない人間……言うなれば「ミーイズム」の人間が増えてきたのは紛れもない事実です。

新型コロナウイルス感染症の流行以降、コミュニケーションが「オンライン化」するのが当たり前の世の中で、他人との人間関係の希薄化がさらに進んだと感じています。それこそが、「ミーイズム」を増長させる結果を生んでいるのは間違いありません。

しかしそんな世の中の時流に、リーダーは飲み込まれてはいけません。すなわち、リーダーは「ミーイズム」に染まらず、どこまでも「利他の心」を追求しなくてはいけない、ということです。

簡単に言えば、部下に関心を持ち、深い愛情を持って接してあげることにつきます。

最近、自腹を切って部下に何かご馳走してあげましたか？

心を鬼にして、怠慢や虚偽報告に対して叱責していますか？

部下が良い成果をあげれば、自分ごとのように喜んでいますか？

部下が仕事をできるようになるまで、真横で一緒に作業していますか？

部下の悩みや不安に寄り添う姿勢を見せていますか？

上辺の言葉を鵜呑みにせず、本音を引き出せるまで、じっくりと話に耳を傾けていますか？

これらを「誰かに言われたから」と表面的に行うのではなく、心からの愛情を持って、無意識のうちに行わなくてはいけません。

それができて、初めてリーダーと言えるのです。

本著を通じて、一人でも多くのリーダーが、リーダーとしての正しい自覚を持ち、会社を、ひいては日本の経済を力強く引っ張っていってくれることを願い、締めくくりの言葉といたします。

２０２３年９月

井上　恒郎

［著者］

井上恒郎（いのうえ・つねろう）

株式会社あとらす二十一　代表取締役

1979年に同社を設立後、1996年に当時まだ未知数だったインターネットの可能性にいち早く着目し、Webサイトの構築事業を開始。

大手通信会社をはじめ、数々の日本を代表する大企業に対し、Webサイト立ち上げのコンサルティングや人材育成を手がけるなど、Web業界の黎明期から業界を牽引してきた。

その結果、同社の顧客は上場企業の３分の１以上に及び、名実ともにWebソリューションのリーディングカンパニーに発展させた。

「人として、プロのビジネスパーソンとして、信頼され、お客様から最も愛される企業でありたい」という経営理念を掲げ、IT業界における売上・利益至上主義とは一線を画し、浮利を追わない経営姿勢を貫いている。

著書に『あなたのビジネスライフは入社３年で決まる』（ダイヤモンド社）がある。

理想で部下は育たない

――部下と部門の成果を高める超現実リーダー論

2023年９月５日　第１版発行

著　者――――井上恒郎

発行所――――ダイヤモンド社

〒150-8409　東京都渋谷区神宮前6-12-17

https://www.diamond.co.jp/

電話 03-5778-7235（編集）　03-5778-7240（販売）

校正――――――鷗来堂

製作進行――――ダイヤモンド・グラフィック社

印刷――――――新藤慶昌堂

製本――――――ブックアート

編集担当――――加藤貴恵

ISBN 978-4-478-11849-8

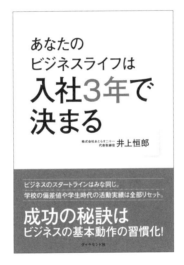